AF314983

LE CHEVAL DE DEMI-SANG FRANÇAIS

CHAROLAIS
FOREZ, BERRY ET DOMBES

Les lignes qui suivent ont pour but de faire connaître aux amateurs le type des chevaux de demi-sang du centre de la France, les différentes régions d'élevage, les centres de vente les écoles de dressage et les principaux concours où il est possible de les voir et de s'en rendre acquéreur le cas échéant.

LE CHEVAL DE DEMI-SANG FRANÇAIS

CHAROLAIS

FOREZ, BERRY ET DOMBES

ADOLPHE LE GOUPY, ÉDITEUR
Paris — 5, Boulevard de La Madeleine, 5 — Paris

LE CHEVAL DE DEMI-SANG

CHAROLAIS

FOREZ — BERRY — DOMBES

CHAPITRE PREMIER

DIFFÉRENTES RÉGIONS D'ÉLEVAGE

La région du centre de la France a, de longue date, produit un cheval très endurant, au squelette très accusé, au tempérament dur, aux membres trempés, animal également réputé comme cheval de guerre, de chasse ou de service.

Ses quartiers de noblesse sont vieux de plusieurs siècles. Chacun connaît les prouesses cynégétiques du marquis de Foudras : c'est sur des chevaux du Morvan que notre fameux veneur faisait ses randonnées célèbres et « sonnait le changement de royaume ». « Ragotin », le bidet du curé de Chapaize, était aussi un « morvandiau », à la mine peu brillante, mais à l'endurance légendaire.

Mais, ce ne sont là que des quartiers de noblesse de fraîche date, car notre cheval est de bonne et vieille noblesse d'épée.

Au XIVe siècle, pendant les guerres d'Italie, Charles VIII montait un cheval de Bresse, « le plus beau cheval que j'aye vu de mon temps », dit Commines. A la bataille de Fornoue, ce bressan sauva le roi par sa vitesse.

Dans le tournoi où il trouva la mort, Henri II avait comme monture « un bressan d'origine turque », produit des étalons orientaux importés dans la région par les ducs de Savoie.

Nos chevaux paraissaient, à cette époque, très prisés dans les écuries royales, et nous savons qu'à la bataille de Pavie, François Ier montait un cheval de la Dombe.

Si nous quittons les bords de la Saône, pour aller dans la Loire, puis en Berry, nous voyons Messire Honoré d'Urfé parler dans l'*Astrée* de la qualité de l'élevage du Forez. Quant au Berry, c'était, sous Henri IV, le pays des haras célèbres :

à Mehun-sur-Yèvre, se trouvait le haras de Sully, le seul où l'on élevait des chevaux pour le roi. Celui-ci envoyait en cadeau à la reine Elisabeth « de beaux chevaux provenant de ses haras du Berry ».

Ces faits, pris entre mille, sont la preuve que le cheval du Centre est de bonne et vieille souche, et comme « bon sang ne peut mentir », c'est une garantie de l'endurance et de la qualité que doivent avoir ses descendants.

L'amateur du cheval de demi-sang, à la recherche d'un serviteur de qualité, est certain de le trouver dans le centre de la France. Qu'il veuille un animal avancé dans le sang pour courir les cross, un sauteur adroit et puissant pour briller en concours hippique, ou un cob énergique et ouvert, excellente bête de service, se montant et s'attelant également bien, il trouvera un serviteur à son gré en Charolais ou dans les centres d'élevage voisins.

C'est le département de Saône-et-Loire qui est le cœur de l'élevage du demi-sang. A côté de ce noyau, d'autres régions voisines produisent un cheval de format peu différent, mais ayant néanmoins, tant comme modèle que comme degré de sang, des caractéristiques un peu spéciales. Il semble bon, au point de vue de ces caractéristiques, de parler successivement :

1º Du cheval du Charolais (Saône-et-Loire, Allier, partie de la Nièvre (Cercy-la-Tour), région de Roanne) ;
2º Du cheval du Forez (Loire) ;
3º Du cheval du Berry (Cher et partie de la Nièvre (Nevers) ;
4º Du cheval de la Dombe (Ain).

A chacun de ces types seront consacrées quelques pages de cette notice. Nous examinerons la production de chacune de ces régions, ses ressources ; nous dirons également un mot des différents concours où les chevaux sont mis en valeur, des écoles de dressage qui les préparent pour les concours et la vente, et des haras qui mettent à la disposition des éleveurs les étalons appropriés.

1º. Cheval du Charolais.

Viticole et producteur d'un vin réputé sur les pentes Est des collines du Mâconnais, uniquement agricole dans l'arrondissement de Louhans et dans la plus grande partie de celui de Chalon-sur-Saône, le département de Saône-et-Loire est, dans les arrondissements de Charolles et d'Autun, couvert de beaux et riches herbages où, à côté de la célèbre race bovine blanche, sont élevés les chevaux si connus du Charolais.

C'est dans la région montagneuse qui sépare la vallée de la Loire de celle de

TITANIC (Intendant ¹/₂ s. et fⁿ de Raffine ¹/₂ s.), né chez M. Francis Grivaud, à Joncy (S.-et-L..). 1ᵉʳ prix aux concours de Vichy et Charolles (1922 et 1923). Acheté en 1923 au concours de Vichy pour les écuries de S. M. le Roi des Belges.

SUPERBE (Dacus ¹/₂ s.), née chez M. Descombes, à Marizy (S.-et-L.). Appartenant au Cᵗᵉ de Toulouse-Lautrec. Gagnante du Prix du Roi au Concours de Bruxelles (1927).

DA (Aloès ¹/₂ s. et fille de Bailleul ¹/₂ s), née chez M. Labaune, à Saint-Yan (S.-et-L.). Poulinière primée dans de nombreux Concours. Prix d'honneur Paris 1914. Mère de Quelqu'un et d'Unique.

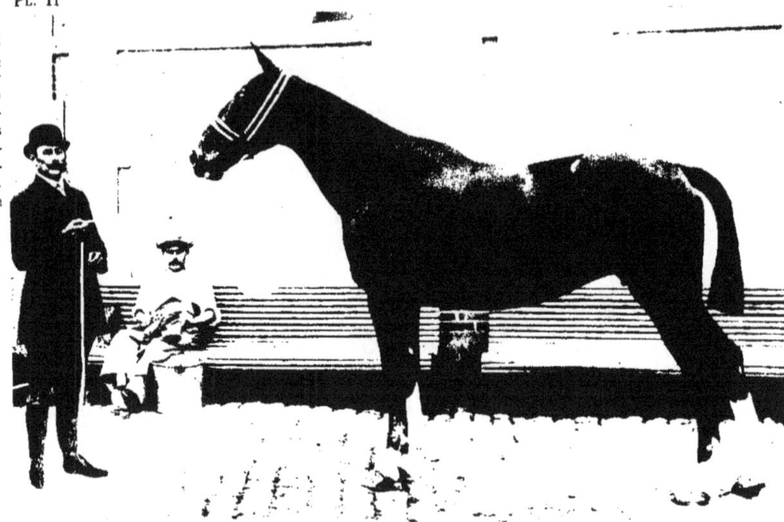

UELQU'UN (Favonio p.s. et Ida par Aloès ¹/₂ s.), né chez M. Chamaraud, à Saint-Yan (S.-et-L.). 1ᵉʳ prix à Paris, Vichy, Bourges. A gagné le Cross-Country du Pin et de nombreuses autres courses.

la Saône, dans les vallées secondaires de la Grosne, de la Guye, de l'Arroux, de l'Arconce, de la Bourbince et du Sornin que se trouve la région d'élevage la plus dense. C'est, a-t-on dit, « l'Irlande de la France ». Elle s'étend également, débordant le département de Saône-et-Loire, dans la Nièvre, région de Cercy-la-Tour ; dans l'Allier, région de Moulins et de Montluçon et dans la partie de l'arrondissement de Roanne qui touche le département de Saône-et-Loire.

Origines. — Si l'on en croit les chroniques, l'ancien cheval de cette région a la même origine que le limousin, qui aurait pour ancêtres les chevaux arabes pris aux Sarrasins après la bataille de Poitiers.

Sans remonter si loin, le cheval charolais se rattache à la race du Morvan, connue de longue date pour sa rusticité et son endurance.

Les veneurs des nombreux équipages de la région s'y remontaient en animaux infatigables : chevaux de taille réduite, sans grande distinction, souvent lourds dans leur chef et négligés dans leur rein, mais à la poitrine remarquablement profonde et aux hanches puissamment éclatées. Leurs prouesses ont été contées par le marquis de Foudras, dans les *Gentilshommes Chasseurs*.

Cette jumenterie « morvandelle » se trouve à la base de la race charolaise. Ce n'est d'ailleurs pas seulement à la chasse que ses produits avaient donné des preuves de leur fond extraordinaire. L'éleveur du Morvan et du Charolais devait vendre ses bœufs dans les foires importantes et c'est une bidette de la même souche qui, sous l'homme d'abord, puis attelée quand les routes le permirent, menait dans une nuit (pour revenir la nuit suivante) l'emboucheur au marché de bestiaux de Lyon ou de Villefranche (soit de 100 à 120 kilomètres à chaque trajet).

Après 1870, un certain nombre de juments de l'armée de Bourbaki restèrent dans le pays, lors du passage de cette armée en Suisse ; elles étaient, pour la plupart, d'origine normande.

Évolution du modèle. — **Régions d'élevage.** — **Mode d'élevage.** — Avec le développement du haras de Cluny (1874), l'élevage du demi-sang prend une grande importance, favorisé par la création de la Société hippique de Saône-et-Loire. Des écoles de dressage se fondent et aident puissamment les éleveurs dans la mise en valeur de leurs chevaux.

C'est le moment de la création du concours de Vichy (1888). Les nombreux amateurs constatent la trempe et l'énergie des animaux présentés ; les marchands y traitent des affaires importantes.

Mais, à cette époque, le cheval d'attelage était très demandé, et « le bidet morvandiau » avait surtout évolué vers le type du cheval de harnais.

Depuis une trentaine d'années, poussés par les encouragements donnés dans

les concours, par les besoins de la Remonte, les éleveurs se sont nettement orientés vers la production du cheval type selle. Grâce à l'emploi de l'étalon de sang pur, grâce à un choix judicieux des poulinières, ils sont arrivés à produire un excellent hunter.

L'élevage du cheval est pratiqué de concert avec celui du bœuf.

Les chevaux sont en permanence élevés en liberté. Ce moyen d'existence leur donne une endurance et une rusticité remarquables. Nés au pré, ils y restent jusqu'au début de leur année de trois ans. Les plus privilégiés, destinés aux courses de demi-sang et aux concours, mangent de l'avoine à l'âge de deux ans et sont rentrés à l'écurie à l'automne de leur deuxième année.

Suivant la région, le modèle diffère quelque peu. La partie nord de Saône-et-Loire, au sol plus accidenté, à l'herbe fine et substantielle, donne un animal plus sec et plus trempé. C'est le pays des « poids moyens », avec Joncy, La Guiche, Mont-Saint-Vincent, Blanzy comme centres de production principaux.

Dans la partie sud du département, les pâturages très riches en calcaires et en phosphates, produisent des animaux plus sérieux, plus forts dans leurs dessous, plus développés dans leur squelette. C'est Charolles, Paray-le-Monial, La Clayette, avec des animaux distingués et importants à la fois ; Cluny, avec des sujets plus charpentés, mais avec un peu moins d'espèce.

A cette dernière région de cheval important et charpenté, nous pouvons rattacher la région de Cercy-la-Tour (Nivernais).

Type actuel du cheval charolais. — Actuellement, le charolais est le vrai type du hunter (poids moyen et lourd). Animal au squelette dense, aux membres d'acier, au type nettement ogival, il a l'épaule longue et oblique, le sanglage très accusé, le garrot sec, les hanches très éclatées (caractéristique de la race). Au bout d'une encolure brochée droit, la tête est sèche, le front plat, l'œil expressif.

C'est un animal précoce, énergique, doué d'un excellent caractère et d'un tempérament rustique.

Succès en concours et en courses. — A leur modèle harmonieux et séduisant qui les fait toujours brillamment classer, les charolais joignent une qualité de premier ordre ; aussi leurs succès dans les grands concours et les courses sont-ils fort nombreux.

Avant la guerre, c'est INSOLENT (Hors-d'Œuvre, p. s.), le 1er crack de concours français, mis sur les obstacles par M. Brodin. C'est JÉRÔME (Violon II, p. s.), FERRANDA (Santander, p. s.), IDÉAL (Vitellius, p. s.), KLÉBER VIII (Gilbert, p. s.). En courses, c'est la fameuse JUDELLE (Violon II, p. s.), à M. Boyer.

Dans les épreuves militaires, une mention spéciale est due à AMAZONE (Raffiné, 1 /2 s.) qui, monture du lieutenant de Meslon, eut une série de succès ininterrom-

pus de 1910 à 1914. Elle gagna dans les seules épreuves militaires 30.000 fr. ; remportant plusieurs coupes à New-York, Chicago, Londres, Bruxelles, Lucerne... Son plus beau titre de gloire est d'avoir été une fois deuxième et deux fois première (sur 200 chevaux) dans la coupe du roi à Londres (1912-1913-1914).

Puis voici la mobilisation ; les charolais, en général, au dire des chefs de corps qui les ont utilisés, se montrent de merveilleux troupiers. Comme leurs camarades plus modestes, nos lauréats de concours troquent la selle anglaise contre le paquetage d'ordonnance. Nous en retrouvons plusieurs qui, malgré leurs neuf brisques, font brillante figure. C'est IDÉAL qui, réquisitionné en 1914, est monture, pendant la campagne, du général Conneau, puis après la guerre, du général Debeney. C'est KLÉBER VIII qui fait toute la campagne comme cheval d'officier ; puis, récupéré en 1919 par son propriétaire, M. Chevrier, brille, en 1920 et 1921, dans les épreuves d'extérieur et dans les cross. C'est INCA (Saïtapharnès, p. s.) qui, lauréat de concours en 1913 et 1914, est requis ; puis, remis sur les obstacles après la guerre, est, avec le lieutenant Carbon, un des bons sauteurs de concours militaires. Je ne voudrais oublier les deux propres frères, JOYEUX et TAPAGEUR, tous deux par Raffiné, demi-sang, qui, chevaux d'armes du capitaine Costa, prennent part aux raids fameux de 1914 et 1918, et reviennent jeunes encore, malgré leurs nombreux printemps, briller dans toutes les épreuves d'obstacles.

Après la guerre, courses et concours reprennent et les charolais continuent à briller.

En courses, c'est QUARANTAINE, par Favonio, p. s. (pl. IV), qui gagne le premier grand cross de Maisons-Laffitte ; ce sont deux autres produits de Favonio : QUELQU'UN (pl. II), vainqueur au Pin ; RUE, gagnante au Pin et dans tant d'autres cross. Voici des victoires à Auteuil et à Vincennes, avec SÉNÉGALAIS (Favonio), SULTANE XII (Marsan), QU'EN-DIRA-T-ON (Violon II), USAGER (Favonio), AJAX (Galafron). Ce sont RAVISSANTE (Rabat-Joie), QUIRINAL (Impérator III), TOMBOLA (Marsan) (pl. XV), VLADIMIR (Pouilloux), UTILE-A-TOUT (Merry-Teddy) (pl. XVIII), VENGEUR et VICTOIRE (Monsieur-Jourdain). J'en passe et de fort bons.

Dans les concours d'obstacles, les charolais tiennent non moins brillamment leur place. C'est SAPRISTI, un fils de Marsan (pl. V et IX), de l'élevage du marquis de Croix, qui, acheté par le capitaine Labouchère, écuyer de l'Ecole de cavalerie hollandaise, remporte plusieurs victoires à l'étranger. En 1925, il est en tête de la liste des chevaux gagnants dans les divers concours hippiques de Hollande. Il a battu les deux grands champions des Jeux Olympiques de Paris (King of Hearts et Silver Piece). C'est QUELQU'UN, l'ancien vainqueur du Pin (pl. II), qui, hier encore, passait 2 mètres au concours de Bourges.

L'Italie a importé quelques-uns de nos chevaux qui y sont devenus de brillants sauteurs. Je citerai entre autres PORTO (un fils d'Harly, d.-s.) (pl VII), de

l'élevage du marquis de Croix, et Urfé (un vibrant fils de Marsan, p. s.) (pl. VII), dont la puissance et la souplesse viennent d'être remarquées au dernier concours de Genève où il était magistralement piloté par le capitaine Lequio. Quart-d'Heure (Foscarini, p. s.) (pl. V) a gagné, en Espagne, le championnat annuel du cheval d'armes, en 1924.

Dans les concours de 1926 et 1927, Hermione III (Merry-Teddy, p. s.) (pl. XII et XX), à M. Em. Riant, a fait l'admiration de tous par sa sûreté à l'obstacle (victorieuse à Paris, Vichy et Saumur).

Je ne saurais indéfiniment allonger cette liste de nos gloires hippiques. Citons, pour terminer, Titanic, par Intendant, d.-s. (pl. I), un superbe poids lourd provenant de l'élevage de M. Francis Grivaud, vendu en 1923, au concours de Vichy, à S. M. le Roi des Belges et qui passe aujourd'hui, à Bruxelles, pour le meilleur cheval de selle des écuries de la Cour.

Avant de clore cette liste que je suis forcé d'écourter et sans quitter la Belgique, rappelons qu'un cheval charolais a remporté en 1927, au concours de Bruxelles, plusieurs prix dont la Coupe du Roi. C'est Superbe, par Dacus, 1/2 s. (pl. I), au comte de Toulouse-Lautrec.

Étalonnage. — En Charolais, l'étalonnage particulier est insignifiant ; c'est le haras de Cluny qui fournit, à quelques rares exceptions près, les reproducteurs de toute la région. Nous reviendrons sur cette question au chapitre II.

Principaux éleveurs. — Écoles de dressage. — En Saône-et-Loire, l'élevage est en très grande partie aux mains de petits éleveurs et ce serait trop long, si l'on ne veut oublier personne, de faire une liste complète des bons éleveurs.

Rares sont les propriétaires qui mettent eux-mêmes leurs animaux en valeur. Seuls, le marquis de Croix, à Génelard, et M. François Juif, à Cluny, présentent eux-mêmes leurs chevaux.

C'est aux écoles de dressage que les éleveurs ont recours pour le dressage, la présentation en concours et la vente de leurs animaux de choix.

Les dresseurs sont eux-mêmes de gros éleveurs, propriétaires de prairies sur lesquelles ils ont de nombreuses poulinières. Ces écoles de dressage jouent un rôle capital pour la mise en valeur des chevaux ; un paragraphe spécial leur sera consacré à la fin de cette notice.

Je ne veux toutefois pas omettre de citer ici le nom de M. Pierre Chevalier (oncle du directeur actuel de l'Ecole de Charolles) ; fin connaisseur, il fut le premier à faire briller en concours les chevaux de son pays ; c'est un homme pour la mémoire duquel les Charolais ne sauraient avoir trop de reconnaissance. Son neveu continue brillamment son œuvre. Citons aussi le nom de M. Baccaud, père des dresseurs actuels, qui rendit de grands services dans la région de Cercy-la-Tour.

Élevages de pur sang. — L'élevage du demi-sang est de beaucoup le plus important en Charolais. Néanmoins, on peut citer quelques bons élevages de pur sang.

En Saône-et-Loire :

MM. Boyer, à Paray-le-Monial (haras de Varennes) ; Chevrier, à Corcelles près Chalon-sur-Saône ; le marquis de Croix, à Génelard ; le baron d'Ideville, à Saint-Aubin-en-Charolais (élevage de Pouju) ; le baron de Mengin, à La Comelle (haras de Montperoux) ; Roux de Bézieux, à La Chassagne (Bragny-en-Charolais).

Dans l'Allier :

M. Berthommier, à Trezelle.

Dans la Nièvre :

M. le comte de Saint-Phalle, à Huez.

Quelques étalons de pur sang particuliers font ou ont fait la monte dans ces haras. Citons :

LLAMA, au marquis de Tracy, à Paray-le-Frésil (élevage ayant mis bas à la mort du marquis de Tracy) ; BISHOPSCOURT (Persimmon et Bend'Or), à M. Boyer ; HIGH-LIFE (Elf et Ajax) et DIABLE-AU-CORPS, à M. Chevrier ; GRAND-D'ESPAGNE et BRABANT (Marsan), au comte de Saint-Phalle.

Plusieurs chevaux célèbres sont sortis de ces élevages ; entre autres, CIVRAY, à M. Boyer ; VIRULENT (aujourd'hui étalon à Cluny), au marquis de Croix, et surtout le fameux MASTER-BOB, à M. Roux de Bézieux. Quant au haras de Huez, ses produits sont connus et ont porté des couleurs royales.

Élevage de trotteurs. — Très florissant autrefois, cet élevage compte encore quelques adeptes, principalement à Cercy-la-Tour (Nivernais) et dans la région de Paray-le-Monial. Le principal élevage de trot est celui de M. Badiou, à Saint-Yan.

2°. Cheval du Forez.

Origines. — Sans remonter aux époques lointaines où d'Urfé chantait dans l'*Astrée* les beautés de la production du Forez, berceau de sa famille, on voit, dans les chroniques, que, bien avant la Révolution, la Loire était un important pays de production chevaline. Au XVIIIe siècle, cette région fournissait de nombreux chevaux de service en Suisse et en Auvergne ; chaque année, la remonte des armées y trouvait environ trois cents chevaux de selle (dragons et légère), tout ceci sans parler des importants besoins des indigènes qui utilisaient des « bidets fort durs au travail ».

Cette région du Forez dépendait de l'inspecteur royal des haras de la province du Lyonnais, qui y entretenait quinze étalons de sang. Les poulinières, faute de

prairies, étaient les juments de service des fermes. Il y avait, néanmoins, une très belle sélection, et c'était un élevage florissant qu'à la fin du XVIIIe siècle la tourmente révolutionnaire réduisit à rien.

En 1812, commencent les premières tentatives pour remonter cet élevage. Jusqu'en 1857, on tâtonne ; l'étalonnage est médiocre et le Forez n'est encore qu'une plaine de terres maigres ; aucune prairie n'y existe.

Cette date de 1857 est le début de l'ère de la prospérité de l'élevage ; c'est l'époque à laquelle commence l'étude de l'irrigation de la plaine forézienne par l'établissement de canaux utilisant les eaux de la Loire et de ses affluents.

Cette œuvre de grande amélioration eut, comme promoteurs et donateurs, les pères des grands éleveurs actuels (MM. de Vazelhes, Balay, de Poncins). Ce travail de grande envergure permit de faire de la plaine du Forez une région de pâturages et de les étendre principalement sur la rive gauche de la Loire jusqu'à Grézieux, Boën et Poncins. Cette création de prairies va mettre, en matière d'élevage, le Forez sur le pied du Charolais.

De la bidette de service énergique que nous avons vue au XVIIIe siècle, va sortir une jumenterie de demi-sang progressivement améliorée.

Situation actuelle de l'élevage. — Grâce aux efforts combinés des éleveurs et de l'Administration des haras, le Forez est, actuellement, le centre d'une importante production de demi-sang. C'est une vaste plaine, traversée sud-nord par la Loire, de Saint-Just-sur-Loire à Balbigny, arrosée par le Lignon et la Mare, affluents de gauche de la Loire, et limitée à l'ouest par les monts du Forez et à l'est par les monts du Lyonnais. Les centres les plus importants sont Montbrison, Feurs et Montrond.

Type du cheval du Forez. — Le cheval du Forez est d'un type analogue à celui du Charolais. Élevé sur un sol moins riche, dont l'amélioration ne date que d'une soixantaine d'années, il a, comme souche, une excellente bidette de service mais dont le squelette était loin d'avoir l'importance de celui de la jument « morvandelle ». Aussi ne trouve-t-on pas chez lui la hanche aussi forte et le sanglage aussi accusé que chez le charolais. Mais c'est un animal de beaucoup de grain, très « selle », très vibrant dans ses allures.

Des infusions de sang anciennes et répétées lui ont donné beaucoup d'espèce. Mais le sol n'était pas assez riche pour croiser indéfiniment sang sur sang. Les éleveurs ont su doser leurs croisements et le Forez produit, actuellement, à côté d'excellents « poids moyens », quelques très beaux « poids lourds ».

Succès en concours et en courses. — Le cheval forézien est un animal plein de trempe et de qualité ; nombreux ont été ses succès en épreuves publiques ; il y a même précédé ses frères charolais.

Dans ses débuts, l'écurie de Rovira a trouvé dans la Loire la majorité de ses sauteurs ; le premier en date fut GERFAUT (Bonnier). Presque à la même époque, on a pu admirer les parcours de PILE-OU-FACE, à M. Pierre de Vazelhes, et de MUSTAPHA, à M. Henri Leclerc (né chez le vicomte de Poncins).

Le seul demi-sang (par demi-sang et demi-sang) ayant gagné le championnat du cheval d'armes était un cheval de la Loire, FURET, par Rémus (Iambe).

En concours, de brillants lauréats ont été fournis par le Forez ; avant la guerre, c'est le fameux K.-O., par Rémus, demi-sang, lauréat à Paris, Vichy et Saumur, qui, après avoir été requis, finit la campagne comme monture d'officier de cuirassiers.

Depuis 1919, quelques chevaux ont brillamment porté les couleurs de la Loire, tant en concours qu'en cross. Le plus célèbre fut l'harmonieuse MÉDINE (Marsan, p. s.), championne à Vichy et Saumur.

GAMIN, ex-Serpolet (Mosque, p. s.) (pl. XIV), de l'élevage de M. Balaÿ, acheté par le capitaine Labouchère, de l'armée hollandaise, a remporté deux coupes à Berlin (dont le championnat de puissance) ; a gagné le championnat du cheval d'armes et la coupe à New-York. Il remporte en Hollande plus de 20 premiers prix. VIOLON III (Bonnier), né chez M. Balaÿ et présenté par M. Soucachet, a été un bon performer de courses de demi-sang.

Citons aussi toute la série des produits de MOSQUE (parfois un peu heurtés dans leur modèle, mais tous uniformément qualitueux et puissants), que l'on a pu applaudir dans les concours, en 1924, 1925 et 1926. Beaucoup étaient mis en valeur par M. Guy Olivier. C'est une fille de Mosque, XERMINETTE, montée par le lieutenant Brousset, qui, en 1926, a gagné, à Saumur, le championnat du cheval de chasse.

Trois des meilleurs gagnants nés dans la Loire sont : VIERGE-FOLLE (Mosque, p. s.), grand vainqueur militaire ; URUGAY II (Rivoli III, p. s.), né chez le vicomte de Poncins et dont les victoires en steeple de demi-sang, tant à Vincennes qu'à Auteuil, ne se comptent plus. Il était piloté par le comte de Villeneuve. Avec la même monte, UMBRON (Mosque, p. s.), né chez M. Balaÿ, vient de remporter de nombreux steeples, notamment à Dieppe, gagnant plus de 70.000 fr.

Étalonnage. — L'étalonnage particulier a été beaucoup plus développé dans la Loire qu'en Charolais.

Au milieu du siècle dernier, le nombre des étalons entretenus par l'État était insuffisant. Il en résultait une réelle crise de l'élevage. C'est à cette époque que fut admis le principe des étalons privés subventionnés par le département et par l'État. C'est à M. Ory père et au marquis de Poncins que revient le mérite de la renaissance de l'étalonnage, et, comme conséquence, de l'élevage dans le Forez.

L'œuvre fut continuée jusqu'à nos jours par MM. Ory fils, à Feurs ; le vicomte

de Poncins, à Saint-Cyr-les-Vignes ; Garnier, à Craintilleux ; le baron de Vazelhes, à Grézieux ; Balaÿ, à Sourcieux ; Faurand, à Saint-André-le-Puy.

Les étalons particuliers sont, actuellement, moins nombreux et c'est le haras de Cluny qui fournit une grande partie des reproducteurs. (Voir chapitre II.)

Principaux éleveurs. — Écoles de dressage. — Le Forez est, comme le Charolais, un pays de petit élevage. Il n'y a pas d'école de dressage ; pour la vente des animaux non dressés, chaque éleveur présente lui-même ses sujets (principalement à la remonte). Ce sont les écoles de dressage du Charolais qui mettent en valeur les animaux de concours et de cross. Il faut toutefois citer (et ce n'est que justice), les noms de quelques éleveurs particulièrement importants.

Ce sont ceux de :

MM. le baron de Vazelhes, à Grézieux-le-Fromental ; Francisque Balaÿ, à Sourcieux ; le vicomte de Poncins, à Saint-Cyr-les-Vignes.

M. Balaÿ met lui-même ses animaux en valeur et nombreux sont ses succès, en particulier avec les fils de son étalon de pur sang Mosque.

Quant au baron de Vazelhes, sa jumenterie est remarquablement nombreuse. Saluons en lui, avec respect, l'un des doyens des éleveurs de demi-sang et le plus important naisseur des chevaux achetés par la Remonte militaire.

Élevage de pur sang. — Les élevages de pur sang sont rares en Forez ; seuls MM. Balaÿ et de Vazelhes font naître quelques chevaux de pur sang.

Il y eut, naguère, quelques bons élevages de pur sang dans la Loire. On peut citer :

M. Douvreleur, éleveur de VIOLON II ; M. Louis de Romanet, qui fit naître presque tous les chevaux dont il devait plus tard exploiter la carrière ; l'élevage de M. Darcon au Coteau (près Roanne).

Élevage de trotteurs. — La région de Feurs s'adonne encore un peu à la production du trotteur. M. Faurand (Saint-André-le-Puy) y a un important élevage et entraîne ses produits. Il a un fort bel étalon trotteur, URUGUAY.

3°. Cheval du Berry.

Coup d'œil rétrospectif. — Les origines de la race chevaline dans le Berry sont fort anciennes et mélangées.

Les Wisigoths vinrent en Berry ; les Arabes parcoururent cette province jusqu'à la bataille de Poitiers. Germains et Arabes y abandonnèrent des juments avec lesquelles des étalons orientaux ont laissé des souvenirs.

Cliché Foto-Perstureau, Serre Amersfoort

Trois chevaux du Charolais appartenant au Lieutenant de Mortanges, de l'armée
hollandaise : ARAMIS (Dacus $^1/_2$ s.), MARCROIX, ex-Ténor II (Marsan p. s.)
et VA-T'EN (Pouf $^1/_2$ s.) (de gauche à droite). Ont gagné, en 1927, en Hollande
et dans les épreuves internationales, 29 prix dont 13 premiers.

QUARANTAINE
III(Favonio p. s. et
fille d'Usager $^1/_2$
s.), née chez M.
Benoit Prost, à
Martigny - le -
Comte (S.-et-L.).
Gagnante du
Cross - Country
National de Mai-
sons-Laffite (1920)
et de nombreuses
autres épreuves.

Un cob charolais :
DANDOLO (Raf-
finé $^1/_2$ et fille de
Joli-Cœur $^1/_2$ s.),
né chez M. Louis
Janniaud, à Marti-
gny-le-Comte. Pri-
mé à Paris, Lyon,
Vichy (1908). Ap-
partenant à M. E.
de la Chesnais.

Sous Philippe Auguste, Henri II vint s'emparer du Berry qui, pendant deux ans (1187-1189), est le théâtre de luttes incessantes. A cette époque des juments d'Outre-Manche y ont certainement été laissées par l'armée anglaise.

Au XVe siècle, le Berry, apanage des enfants de France, connaît une ère de prospérité consécutive aux ravages de la guerre de Cent ans.

Puis, c'est l'époque de Henri IV, avec le fameux élevage de Sully, à Mehun-sur-Yèvre, dont j'ai parlé à la première page de cette notice. Négligé sous Louis XIII, l'élevage reprend avec Colbert et la création des haras. Au XVIIIe siècle, le cheval du Berry est réputé, principalement dans la région de Nérondes. Sancerre est le centre d'une importante foire aux chevaux où la Normandie elle-même vient s'approvisionner, car, disent les chroniques du temps, « l'accroissement des chevaux du Berry était terminé à trois ans, tandis que celui des chevaux de Normandie ne l'était qu'à quatre et cinq ».

A cette époque, la région qui correspond aujourd'hui au Cher et à l'Indre, fournissait de nombreux chevaux aux armées.

Arrive la Révolution. C'est le marasme complet pour l'élevage qui commence à reprendre en 1806.

Au début du XIXe siècle, la jumenterie n'est pas suffisamment sélectionnée. C'est à partir de 1850 que la production du demi-sang devient intense et bonne.

Quelques étalons de pur sang, quelques anglo-arabes, des Norfolk anglais et des demi-sang normands ont été employés dans le Berry.

Avec la jumenterie ancienne, mais de source un peu hybride, ils ont produit un animal de beaucoup de qualité.

Régions d'élevage. — Le cheval de demi-sang est presque uniquement produit dans l'arrondissement de Saint-Amand. Il y a lieu de distinguer deux centres de production :

1° A l'est, la vallée de l'Aubois (plus connue sous le nom de *vallée de Germigny*), doublée de la partie ouest de la vallée de l'Allier et de la vallée de l'Auron, constitue la principale région de la production du demi-sang. C'est le prolongement du Nivernais. Les herbages y sont excellents et donnent un cheval sérieux avec beaucoup de squelette.

Les centres les plus importants sont :

Dans la vallée de Germigny : Laguerche, Nérondes, Sancoins.

Près du Bec-d'Allier : Le Guétin.

Dans la vallée de l'Auron : Dun-sur-Auron ;

2° Au sud-ouest, la région de Lignières (partie ouest de la vallée du Cher, vallée de l'Arnon) confine avec l'Indre et la Creuse ; ce centre de production est le prolongement de celui de la haute vallée de l'Indre (La Châtre). On y trouvait encore, il y a quelques années, des animaux se rapprochant du limousin, avec des

marques de sang oriental. Ce type se fait rare ; néanmoins, le cheval de Lignières est plus selle que celui de la vallée de Germigny. Un étalon de pur sang arabe fait encore la monte à Lignières.

Type du cheval du Cher. — Le cheval du Cher est moins ogival que celui de Saône-et-Loire. C'est un animal très sérieux, bien ouvert, bien éclaté, ouvrier infatigable, aux allures énergiques, parfois un peu hautes. L'emploi du Norfolk anglais a donné des produits pleins de qualité, souvent d'un type à deux fins.

Le cheval de la vallée de Germigny est, en général, un excellent « cob », animal très utile derrière les chiens, comme à la voiture, qui, s'il a parfois l'épaule un peu droite, rattrape cette imperfection par sa trempe et son énergie.

Dans la région de Lignières, le cheval est plus « selle ».

Succès en concours. — Surtout cheval de service, le berrichon n'est pas aussi brillamment représenté que son frère charolais sur le palmarès des concours et des courses. C'est à l'usage qu'il faut le voir ; combien de veneurs se louent de ses services.

La réputation des chevaux de la vallée de Germigny n'est plus à faire. Qu'il suf fise de citer ROSETTE XIV (Saint-Armel, p. s.) (pl. XVII), héroïne de concours hippiques, brillamment mise en valeur par M. Guy Olivier et vendue 50.000 francs au concours de Vichy, à M. Lederlin.

Quelques très beaux chevaux ont été fournis par la région de Lignières, La Châtre. Les plus remarquables ont été :

WAG (Herbageur, d.-s.) (pl. XIX), cheval au cadre important, aux allures puissantes et élastiques, vendu en Suisse, et IDÉAL (Jourdan, d.-s.) (pl. XIX), à M. Morel. Ce dernier est impeccable dans son modèle de « poids lourd ». Il vient d'avoir le prix d'honneur à Vichy en 1927 ; WAG l'y avait obtenu en 1926.

Étalonnage. — L'étalonnage privé a joué, en Berry, un rôle important, de 1850 à 1874 ; mais, depuis de nombreuses années, c'est le haras de Blois qui fournit, dans cette région, la presque totalité des étalons. (Voir chapitre II.)

Principaux éleveurs. — Le Berry est un pays de petit élevage où, pour leur mise en valeur, les animaux sont confiés aux écoles de dressage.

Quelques éleveurs cependant présentent eux-mêmes leurs animaux ; ce sont :
MM. le marquis de Rolland, à Garigny : Morel, à Sancerre.

Une mention spéciale est due à un important éleveur, M. Vérillaud, qui exploite un très vaste domaine uniquement avec des juments de demi-sang. On peut le citer comme modèle à imiter : La jument de demi-sang, à la fois poulinière et jument de service, c'est la crise du demi-sang à jamais conjurée. Souhaitons que M. Vérillaud ait de nombreux imitateurs.

Élevages de trotteurs. — Quelques élevages de trot existent en Berry, le plus important est celui de M. Perrot, à Laguerche.

4°. Cheval de la Dombe.

Coup d'œil rétrospectif. — L'élevage du demi-sang dans le département de l'Ain a subi des fluctuations nombreuses. Comme je l'ai dit au début de cette notice, les chevaux de Bresse et de Dombe étaient célèbres sous Charles VIII.

Sous François Ier et Henri II, on en trouvait dans les écuries royales, mais à la fin du XVIe siècle, le pays fut entièrement dévasté et bien peu de chose subsista de cette race fameuse de chevaux de guerre et de tournois.

Avec Colbert commence la reconstitution. On envoie des étalons espagnols, puis danois ; la production en est bonne ; les régiments de la Maison du Roi se remontent dans la Dombe, et Bourgelat vante la production du Bugey.

A la fin du XVIIIe siècle, des chevaux normands et même anglais sont importés.

Avec l'Empire, on introduit l'anglo-arabe, dont les produits sont fort bons et jugés comparables à ceux de la jumenterie de Pompadour. Quelques-uns des chevaux arabes, ramenés lors de l'expédition d'Égypte, sont placés dans la région de Villefranche, sur les confins de la Dombe.

La fin des guerres de l'Empire amène une décadence, après laquelle le « normand » est adopté comme élément améliorateur.

C'est de 1818 que date l'effort de relèvement qui a produit le cheval actuel. A côté du normand, quelques anglo-arabes et même arabes purs ont fort bien tracé dans le croisement.

Régions et mode d'élevage. — **Type du cheval dombiste.** — Le pays de l'élevage du demi-sang est l'ancienne principauté des Dombes, qui, alors qu'elle n'était pas encore réunie à la France, tenait la tête de l'élevage sous l'influence heureuse de ses princes. Cette région comprend la partie sud de l'arrondissement de Bourg, le plateau des Dombes et la vallée de la Chalaronne. Les principaux centres sont : Marlieux, Villars-les-Dombes, Chalamont, Châtillon-sur-Chalaronne, Saint-Trivier-sur-Moignans.

La région d'élevage se prolonge un peu dans le Rhône (région de Villefranche-sur-Saône).

La Dombe, malgré les imperfections de son sol peu riche en calcaire, grâce au climat, à la nature de l'herbe, aux amendements donnés aux prairies, est arrivée à très bien produire le cheval de demi-sang. Le sol, souvent humide, ne permet pas de laisser les animaux en liberté pendant le gros de l'hiver. Ils sont rentrés

pendant environ trois mois ; mais, bien nourris pendant cette période de stabulation, ils prennent un bon développement.

L'Ain est un pays où l'on aime le cheval. Peu de départements ont aussi largement poussé à l'amélioration de la race. La jumenterie judicieusement sélectionnée s'est, depuis trente ans, complètement transformée et les concours de poulinières font voir des lots remarquables.

Le type du cheval actuellement produit a beaucoup de rapports avec le charolais ; l'épaule est moins bonne et les membres sont plus forts. C'est un animal important dans son squelette, bien greffé, fort dans son dos, aux allures énergiques, parfois un peu hautes.

Rentré chaque année pendant les mois d'hiver, habitué au contact de l'homme, le cheval de la Dombe a généralement très bon caractère ; c'est un parfait animal de service, au dressage facile.

Succès en concours et en courses. — L'étalon de sang pur ayant été peu employé dans l'Ain, les succès des chevaux dans les courses de demi-sang sont forcément peu nombreux. Néanmoins, quelques animaux anglo-arabes ont bien galopé. Ce sont, en général, des produits de GANTELET, p. s. a. ar., fils du fameux PRISME.

Les meilleurs ont été ORIENTALISTE et BALANCIER.

ORIENTALISTE (Gantelet, p. s. a. ar., et Jument Trotteuse) a gagné en plat, au trot et en cross ; c'est dans la même journée qu'il gagnait au galop et au trot (cette dernière course en petite société). Acheté par la Remonte, il devient monture d'officier général. C'était un sauteur adroit, un animal aussi confortable que sage.

BALANCIER (Gantelet), gagnant de trois courses, à trois ans, en 1926, fera encore parler de lui par la suite.

Depuis quelques années, les chevaux de la Dombe viennent à Charolles et à Vichy se mesurer, et non sans succès, avec les animaux du Charolais. Ils y ont été fort appréciés par plusieurs amateurs français et étrangers. Leur bon caractère n'y est certes pas pour rien. Un des meilleurs a été ASMODÉE (Ourson, d.-s.) (pl. XII et XX), de l'élevage de M. Cortet. En 1927, il s'est classé premier dans les épreuves d'extérieur à Bagatelle et à Vichy. En 1926, deux produits de BRIMBORION, p. s., se sont très brillamment présentés. Ce sont :

BRUTUS, à M. Blanchet, vendu à M. Roy, et BELLE-DU-JOUR, à M. Cortet, vendue en Suisse

Étalonnage. — Le haras d'Annecy fournit à la Dombe une large part de ses étalons. Néanmoins, l'étalonnage privé a été assez florissant dans l'Ain ; pendant trente ans, la Société hippique de l'Ain y a largement contribué. Lors de sa dis-

parition, plusieurs étalonniers particuliers ont conservé de bons reproducteurs. Le dernier a été M. Durand, à Bouligneux. (Voir chapitre II.)

Principaux éleveurs. — Écoles de dressage. — L'Ain est, à quelques rares exceptions près, un pays de petit élevage ; mais l'éleveur de la Dombe aime passionnément le cheval, non seulement pour l'admirer et... le vendre, mais aussi pour l'utiliser et le présenter lui-même. A ce point de vue, il y a une certaine analogie entre la Dombe et la Bretagne.

Il existe dans l'Ain une école de dressage à laquelle sont confiés les chevaux pour les grands concours ; mais nombreux sont les éleveurs ou fils d'éleveurs qui présentent eux-mêmes ; on ne saurait trop les en féliciter. Cela donne parfois une note pittoresque au concours ; cette conservation du goût du cheval est le plus sûr garant du maintien de la production.

Deux élevages importants se font remarquer tant par l'importance de leurs jumenteries que par la bonne mise en valeur de leurs produits ; ce sont ceux de MM. de Monicault, à Versailleux, et Cortet, à Châtillon-sur-Chalaronne. Ce dernier a un lot de juments qui peut être cité comme modèle, tant par leur sélection irréprochable que pour leur état. C'est une jumenterie comme on en voit peu.

Élevage du trotteur. — Il existe un élevage de trotteurs à Thoissey, à Mme veuve Édouard. Elle y a un étalon particulier, Jupiter.

CHAPITRE II

HARAS

Les Haras nationaux fournissent la plus grande partie des reproducteurs aux éleveurs de demi-sang du Centre et du Sud-Est de la France. Trois haras se partagent cette région ; ce sont ceux de : Cluny, Annecy et Blois.

Quelques éleveurs ont des étalons particuliers ; je les citerai à la fin du paragraphe concernant chaque haras.

a) Haras de Cluny.

Le dépôt d'étalons de Cluny a été créé en 1807 (décret impérial du 4 juillet 1806).

Primitivement installé dans une grande construction au centre du village, il vient occuper, en 1817, la partie de l'ancien monastère, où il est encore aujourd'hui.

Jusqu'en 1874, il ne comptait que quarante-six étalons ; depuis, son effectif a plus que triplé.

Ses pensionnaires sont répartis, pendant la saison de monte, dans les départements du Rhône, de la Loire, de l'Allier, de la Nièvre et de la Saône-et-Loire.

C'est donc lui qui assure le service de la jumenterie du Charolais et de celle du Forez.

Son effectif (en dehors des chevaux de trait qui n'intéressent pas cette étude) comprend des animaux de pur sang, des demi-sang anglo-normands, des demi-sang du Centre et des trotteurs.

Parmi les reproducteurs ayant particulièrement bien tracé depuis un quart de siècle et dont le nom sur un pedigree est une garantie de qualité, il faut citer :

Chevaux de pur sang :

SORREAC, VITELLIUS, HORS-D'ŒUVRE, GILBERT, BIBERON, VIOLON II, IMPERATOR III, EASTMAN, RABAT-JOIE, MERRY-TEDDY, VLADIVOSTOCK, VICI, SAÏTAPHARNÈS, MANZANARÈS, GRILL-ROOM, SAINFOICROTTE, LE MAJORDOME, AMOUR-AMOUR, BISCAROSSE, et avec une mention spéciale, pendant ces dernières années, à SAINT-CANNE, MARSAN et FAVONIO.

Chevaux de demi-sang :

QUINTE-CURCE, UNICUS, DIVAN, BAILLEUL, ÉMIR, ÉPI-D'OR, JOLI-CŒUR, JAGUAR, CHARMOY, CURGY, RÉMUS, RAFFINÉ, DACUS, HAUTPOUL (ces trois derniers par Saint-Pair-du-Mont), GENTÉ, HORION, KIKI, KONAK, TAMSUI (pl. XXI) et avec une mention spéciale à BONNIER et INTENDANT.

Demi-sang du Centre :

POUILLOUX, QUIBLER (pl. XXII), POUF.

Demi-sang trotteurs :

ICARE, KING, KUMMEL.

Étalons particuliers. — M. de Méru a eu, jusqu'en 1924, un étalon de pur sang, MONSIEUR-JOURDAIN (Winkfields-Pride), dont les produits ont été fort bien classés en concours et ont montré de la qualité en courses. M. Boyer, à Paray-le-Monial, a eu BISHOPSCOURT et ROMAN (acheté depuis par les Haras).

Dans la Loire, plusieurs étalons particuliers ont bien tracé : MOSQUE, p. s., à M. Balaÿ ; ENDYMION, p. s., et CAPTAIN-COCKTAIL, p. s., à M. Garnier ; RIVOLI III, p. s., au vicomte de Poncins ; SOYEUX, d.-s., à M. Ory.

Deux jeunes étalons de pur sang commencent leur carrière :
CHAMPDOLENT, chez M. Balaÿ, et LYNX-EYED, chez M. de Vazelhes.

b) Haras d'Annecy.

Fondé par décret impérial de novembre 1809, le haras d'Annecy suivit les vicissitudes politiques de la fin du Premier Empire. Il fit retour à la France en 1860 et occupa, jusqu'en 1881, les bâtiments de l'ancien haras sarde. A cette date, on construisit un établissement entièrement neuf et fort bien aménagé.

C'est Annecy qui fournit les reproducteurs à la région de la Dombe. Il y envoie un pur sang a. ar., un pur sang, des demi-sang anglo-normands et charentais, des demi-sang du Centre et un trotteur.

Parmi les animaux ayant le mieux tracé dans cette région, on peut citer :

Chevaux de pur sang a. ar. :

GANTELET (Prisme), OUTARDEAU, OISEAU-BLEU.

Chevaux de demi-sang :

CAPITALISTE, KHARTOUM, HOFFMAN, KNIGHT, JOBELIN, RALPH, QUEYMADERO,

LABÉDOYÈRE, MASTER-PERCY, PROMÉTHÉE, OPTIMISTE, KREIDER, PASSE-PAR-TOUT, et avec une mention spéciale OURSON et GEMOZAC.

Chevaux de demi-sang du Centre :

QUALITÉ.

Chevaux de demi-sang trotteurs :

QUATORZE.

Étalons particuliers. — Sans remonter aux temps de la Société hippique de l'Ain, plusieurs étalons de M. Durand ont bien tracé. Ce sont :
BASKIR, p. s.; MARDI, d.-s., par Fataliste, p. s. ; KORSAC, d.-s. ; HUSSARD, d.-s.
M. Crozet, à Châles, a eu un étalon de pur sang ar., MANÈS, qui a bien produit. Citons aussi l'étalon trotteur JUPITER, de Mme veuve Édouard, à Thoissey.

c) Haras de Blois.

C'est le haras de Blois (dont la construction remonte à 1880) qui fournit les étalons du Berry. Il envoie dans cette région deux pur sang, un pur sang ar., des demi-sang anglo-normands et des trotteurs.
Parmi les étalons ayant le mieux tracé, nous citerons :

Chevaux de pur sang :

SAINT-ARMEL, BONHEUR-DU-JOUR, IDÉAL IV, LE PRODIGUE.

Chevaux de pur sang arabe :

KOSA.

Chevaux de demi-sang :

MADAR, JOURDAN, EXMOUTH, MARIGNY (pl. XXII), MORET, CYCLONE.

Étalons particuliers. — Citons : BIRTHDAY-SONG, p. s., à M. Morel ; HENRY IV, trotteur, à M. Perrot, à Laguerche.

Cliche Leeflang, La Haye.

COPAIN, ex-Sapris-ti (Marsan p. s. et fille de Dédit ¹/₂ s.), né chez M. Prost, à Génelard (S.-et-L.). Vendu par le Marquis de Croix au Capitaine Labouchère, écuyer à l'École de Cavalerie d'Amersfort (Pays-Bas).

Cliche S. U. I.

QUART D'HEURE (Foscarini p. s. et fille de Négociant ¹/₂ s.), né chez M. Gateau à Vendenesse-lès-Charolles (S.-et-L.). Gagnant du Championnat du Cheval d'Armes espagnol, monté par le Capitaine Alfaro Alaminos, du Régiment de Lanciers de Sagunto.

BACCARAT (Consols p. s. et fille de Chassigny $\frac{1}{2}$ s.), né chez MM. Chevalier et Galand, à Charolles (S.-et-L.). 1er Prix Vichy, Bourges et Charolles.

Cliché S. U. I.

UGOLIN (Merry-Teddy p. s. et fille de Dacus $\frac{1}{2}$ s.), né chez M. Berthier, à Marizy (S.-et-L.). Gagnant de nombreux prix en concours.

Cliché S. U. I.

CHAPITRE III

GUIDE DE L'ACHETEUR. ÉCOLES DE DRESSAGE.
CONCOURS

Un acheteur, désireux d'avoir de suite un animal en service, a tout intérêt à s'adresser aux écoles de dressage. Mais, s'il n'est pas pressé, mieux vaut pour lui attendre la date des concours de chevaux de selle, où il peut voir tout un lot de chevaux présentés aux trois allures et sur les obstacles.

ÉCOLES DE DRESSAGE

Les écoles de dressage sont l'auxiliaire indispensable de l'éleveur pour la mise en valeur et la présentation des jeunes chevaux. C'est à elles presque toujours que s'adresse l'éleveur, qui, en général, n'a pas le personnel et l'outillage nécessaires pour le débourrage des poulains.

Présentation dans les concours, préparation aux épreuves de demi-sang sont donc la chose des écoles de dressage.

De ce fait, les dresseurs connaissent mieux que personne l'ensemble de la population chevaline de leur région et peuvent bien renseigner les amateurs. Je vais donner la liste de ces établissements.

Saône-et-Loire. — La plus importante des écoles de dressage est celle de M. François Chevalier, à Charolles. Ce dernier est, en même temps, un très important éleveur et est naisseur de plusieurs de ses pensionnaires. L'école de Charolles a une succursale à Moulins où, sous la direction de Maurice Mouley, sont préparés, sur les excellentes pistes en sable du champ de courses, les chevaux destinés aux courses plates de demi-sang et aux cross.

A Génelard, l'école de M. Claude Delorme prépare également pour les concours et pour les courses. Elle utilise la piste et le parcours d'obstacles que M. le marquis de Croix a tracés dans son parc. Comme M. Chevalier, M. Delorme est tout à la fois éleveur et dresseur.

Citons les autres écoles de :

MM. Juif, François, à Cluny ; Rieu, Claudius, à Cluny ; Rieu, Joanny, à Cluny ; Baccaud, Henri, à Bourbon-Lancy ; Servy, Claude, à Blanzy ; Puzenat, à Paray-le-Monial ; Becque, à Toulon-sur-Arroux.

Allier. — MM. Thomas, Pierre, à Avermes (par Moulins) ; Chartier, à Varennes-sur-Allier.

Nièvre. — M. Baccaud, Camille, à Cercy-la-Tour.

Cher. — Trois écoles de dressage mettent en valeur les chevaux de la vallée de Germigny.

Celles de MM. Clémençon, à Nérondes ; Bacot, Louis, à Laguerche ; Guyollot, au Guétin.

M. Bacot présente quelques chevaux de selle et s'occupe surtout et avec grand succès de la présentation à l'attelage des animaux à deux fins du pays.

M. Clémençon, tout en dressant aussi à la voiture, prépare surtout pour les concours et les courses. Pour cette dernière préparation, il utilise la piste de M. Perrot, à Laguerche, et le terrain d'obstacles du vicomte de Gourcuff.

Ain. — Plusieurs écoles de dressage sont à signaler dans la Dombe. La plus importante est celle de :

M. Blanchet, à Villars-les-Dombes.

Viennent ensuite :

MM. Pallordet, à Saint-Trivier-sur-Moignans ; Baudequin, à Thoissey ; Moissonnier, à Bourg.

M. Berger, à Marlieux, présente également quelques chevaux.

Utilité des écoles de dressage. — En terminant cette nomenclature, je ne saurais trop insister sur les services que rendent à l'élevage les écoles de dressage, sans lesquelles les petits éleveurs ne pourraient sortir leurs chevaux. C'est. grâce à elles que l'élevage d'une région est mis en valeur et que sont faites la plus grande partie des transactions.

Les encouragements que leur donne la Société hippique française sont de première utilité.

CONCOURS

L'amateur de chevaux a tout avantage à suivre les concours où il peut voir et choisir les sujets du type qu'il désire. S'il veut des animaux déjà montés (trois à

six ans), il les trouvera dans les concours de selle ; si, au contraire, il désire des poulains à élever ou de futures poulinières, c'est dans les concours de reproduction les plus importants qu'il trouvera son affaire.

CONCOURS DE SELLE. — Dans les concours de chevaux de selle, les animaux sont présentés montés aux trois allures, puis examinés nus ; c'est donc là qu'on peut le mieux apprécier le modèle et les actions.

Les épreuves d'extérieur permettront de juger de l'adresse des animaux sur l'obstacle. Enfin, sur certains hippodromes, sont courus dans la même journée plusieurs cross pour demi-sang, qu'un amateur peut suivre avec profit. Je vais énumérer ces différentes réunions :

CONCOURS DE L'ADMINISTRATION DES HARAS. — Ce sont des concours pour chevaux de trois ans, donnés chaque année :

A Charolles, en mai ; dans l'Ain, en mai (centre variable) (voir tableau) ; à Bourges, en août.

SOCIÉTÉ HIPPIQUE FRANÇAISE

C'est dans les concours de la Société hippique française que l'on peut le mieux juger l'ensemble des aptitudes des chevaux de tous âges (3 à 6 ans).

1°. Concours de Vichy.

Cette Société organise à Vichy, du 23 juin au 6 juillet, un très important concours comprenant :

Concours de chevaux de selle pour chevaux de trois ans,
Concours de chevaux de selle pour chevaux de quatre ans,
Concours de chevaux de selle pour chevaux de cinq et six ans,
des Épreuves d'extérieur en terrain varié pour chevaux de quatre à six ans,
des Épreuves d'obstacles pour chevaux français,
et des Épreuves d'obstacles internationales pour chevaux de toutes origines.

Cette très complète réunion est accompagnée d'une journée de courses sur l'Hippodrome de Vichy, journée presque uniquement réservée aux épreuves de chevaux de demi-sang (plat et cross-country).

Un amateur peut donc pendant la durée du concours hippique de Vichy apprécier sous tous les rapports la production de chevaux de demi-sang du Centre de

la France. Il peut voir les plus beaux spécimens à l'ouvrage, aux trois allures, et les apprécier sur les obstacles en terrain varié et en courses (plat et cross-country).

La Société hippique française possède à Vichy une installation merveilleusement comprise dans un cadre analogue à celui de Dublin. Le vaste terrain du Concours de Vichy, avec obstacles naturels, est, matin et soir, à la disposition des amateurs qui veulent essayer des chevaux. Les écuries sont contiguës au terrain et l'amateur peut à son gré et sans se déplacer, voir les chevaux, se les faire présenter et les essayer sur le terrain. C'est, de toute la région, la réunion la plus complète, la plus intéressante à suivre et la plus pratique pour voir et essayer des chevaux. Le vaste terrain du concours a une superficie de quatre hectares.

Les chevaux du centre peuvent également être appréciés au Concours Central de Paris, organisé par la Société hippique française, qui a lieu du 22 mars au 12 avril.

2°. Concours central de Paris.

Au Concours central hippique de Paris, des présentations de selle et des épreuves d'obstacles au Grand Palais des Champs-Élysées, des épreuves d'extérieur sur le terrain de Bagatelle au Bois de Boulogne, forment un ensemble très complet de présentations permettant d'apprécier les qualités des chevaux du Centre et des produits des autres régions d'élevage de la France.

3°. Concours de Bordeaux, Nantes, Deauville.

La Société hippique française organise également chaque année des concours dans les principales régions d'élevage :

1re quinzaine de février, à Bordeaux, où l'on peut admirer les chevaux anglo-arabes si pleins de sang et d'énergie ;

1re quinzaine de mars, à Nantes, pour les chevaux de la Bretagne et de la Vendée dont la qualité s'affirme chaque jour ;

Fin d'août, à Deauville, pour les magnifiques produits de notre bel élevage normand.

La date de ce dernier concours est à l'époque du Grand Prix de Deauville.

Pour tous renseignements complémentaires, s'adresser : Bureaux de la Société hippique française, 26, rue Brunel, Paris (17e).

CONCOURS DE LA SOCIÉTÉ DU CHEVAL DE GUERRE. — Ce sont des concours pour chevaux de trois et quatre ans suivis d'épreuves d'extérieur courues à Paray-le-Monial sur le joli parcours du cross.

Concours de selle : Charolles, fin mai.

Épreuves d'extérieur : Paray-le-Monial, le lendemain du concours de Charolles (cheval de guerre).

Adresse pour renseignements : 43, *rue de Lisbonne, Paris.*

SOCIÉTÉ HIPPIQUE DU BERRY. — Cette société donne à Bourges, au début d'août, en même temps que le concours des haras (déjà cité), des épreuves de selle pour chevaux de quatre, cinq et six ans et des épreuves d'obstacles (concours hippique).

C'est une réunion importante. Sur un terrain limitrophe de celui du concours on peut essayer les chevaux.

CONCOURS DE LAGUERCHE. — Ce concours (réservé aux chevaux du Cher) permet de voir des épreuves de selle et des épreuves attelées pour chevaux du Berry. C'est une réunion un peu limitée comme nombre, mais où l'on voit d'excellents animaux. Elle a lieu mi-septembre, en même temps que deux réunions de courses où, sur un terrain parfait, sont courus des cross qui permettent d'apprécier sur les obstacles le demi-sang du Centre.

ÉPREUVES HIPPIQUES DE CHALAMONT (AIN). — Fin août, une société locale, patronnée par M. de Monicault, donne des épreuves, réservées pour la plus grande partie aux éleveurs et fils d'éleveurs. On peut y voir présentés par ces éleveurs :

1º Des animaux attelés dans un parcours accidenté ;

2º Une présentation montée sur un parcours en terrain mouvementé et avec quelques obstacles.

ÉPREUVES HIPPIQUES DE LA CLAYETTE (SAONE-ET-LOIRE). — Au début de juillet, une société locale organise à La Clayette des épreuves hippiques. Entre autres, un raid attelé de 40 kilomètres sur route permet d'y apprécier l'endurance et la qualité des chevaux charolais.

CONCOURS DE REPRODUCTION. — L'éleveur désireux d'acheter des pouliches pour la reproduction ou des poulains de six mois les trouvera le mieux en suivant, soit les concours de pouliches de deux et trois ans (au printemps) et ceux de poulinières suitées.

Les concours de poulinières ont lieu la deuxième quinzaine d'août et début de

septembre. Le concours central de la Société hippique de Saône-et-Loire (Charolles, mi-septembre), qui réunit les lauréats de tous les concours de pouliches et de poulinières du département, permet de voir de très beaux lots, particulièrement intéressants au point de vue de la reproduction.

Cette réunion de Charolles comporte également un concours pour poulains entiers de un, deux et trois ans.

Foires. — Certaines foires à poulains peuvent être intéressantes à suivre. Elles sont indiquées au tableau ci-après (Guide de l'acheteur).

Courses. — Les réunions importantes de courses de demi-sang sont indiquées au tableau du Guide de l'acheteur.

Colonel Marey-Monge

Juin 1927.

P. S. — Pendant que ces lignes étaient sous presse, le Charolais et la Loire viennent de remporter des succès marquants.

Victoire VIII (M. Jourdain, p. s.), née en Saône-et-Loire, chez M. de Méru, et appartenant à M. de Champvigy, a gagné le grand cross-country de Maisons-Laffitte sur vingt-deux partants.

Ariane (Favonio, p. s.), née dans la Loire, chez M. de Villaine, et vendue par M. François Chevalier à M. Tiberghien, a gagné le cross de 20.000 fr. au Pin.

Novembre 1927. M. M.

Pour tous renseignements, s'adresser :

à la SOCIÉTÉ HIPPIQUE FRANÇAISE

26, rue Brunel, Paris (17ᵉ).

GUIDE DE L'ACHETEUR

TABLEAU RÉSUMANT LES RENSEIGNEMENTS UTILES A UN

	LOCALITÉS	ÉCOLES DE DRESSAGE et éleveurs présentant eux-mêmes	CONCOURS de selle	ÉPREUVES d'extérieur
Saône-et-Loire	Charolles	Chevalier, François	Mai (Haras et cheval de guerre).	»
	Génelard	Delorme, Claude Marquis de Croix	» »	» »
	Paray-le-Monial	Puzenat	»	Cheval de guerre, Mai
	Cluny	Juif, François Rieu, Claudius Rieu, Joanny	» » »	» » »
	Blanzy	Servy, Claude	»	»
	La Clayette	»	»	Juillet
	Perrecy-les-Forges	»	»	»
	Bourbon-Lancy	Baccaud, Henri	»	»
	Toulon-sur-Arroux	Becque	»	»
Allier	Vichy	»	Concours important de la Société Hippique Française	»
	Moulins	Thomas, Pierre, à Avermes Entraînement de Chevalier	»	»
	Varennes-sur-Allier	Chartier, Gabriel	»	»
Nièvre	Cercy-la-Tour	Baccaud, Camille	»	»
Loire	Montbrison	»	»	»
	Sourcieux	M. Balaÿ	»	»
	Grézieux	Baron de Vazelhes	»	»
Ain	Bourg	Moissonier	Mai, en 1927 [1]	»
	Châtillon-sur-Chalaronne	Cortet	Mai, en 1928	»
	Chalamont	»	Mai, en 1932	Juillet
	Villars-les-Dombes	Blanchet	Mai, en 1930	»
	Saint-Trivier-sur-Moignans	Pallordet	Mai, en 1929	»
	Thoissey	Beaudequin	Mai, en 1931	»
	Versailleux	De Monicault	»	»
	Montmerle	»	»	»
Cher	Bourges	»	Début août (Haras et Société hippique du Berry).	»
	Nérondes	Clémençon	»	»
	La Guerche	Bacot, Louis	Mi-septembre	»
	Le Guétin	Guyollot	»	»

ACHETEUR (Écoles de dressage, Concours, Réunions de courses, Foires)

COURSES IMPORTANTES de demi-sang	CONCOURS POULICHES	CONCOURS POULINIÈRES suitées	FOIRES	OBSERVATIONS
Mi-septembre	Central (Société hippique de Saône-et-Loire). Mi-Septembre	»	»	
»	»	»	»	
»	»	»	24 octobre	
Mai et août	Mai	Fin août	»	
»	»	»	»	
Mi-septembre	Mai	Fin août	11 novembre	
»	»	»	»	
»	Mai	Fin août	13 octobre	
Mi-septembre	»	»	Début novembre	Raid en Juillet.
»	»	»	2 novembre	
»	»	»	»	
»	»	»	»	
Fin juin à 5 juillet				
»	»	»	»	
»	»	»	»	
»	»	»	»	
»	Mai	Fin août		
»	Mai	Fin août	»	
»	»	»	»	
»	»	»	»	
»	Mai	Fin août	Mi-septembre	1. Les concours de selle
»	Mai	Début septembre	»	de l'Ain alternent entre six
»	Mai	Début septembre	»	localités.
»	»	»	»	
»	»	»	»	
»	»	»	»	
»	»	»	»	
»	»	»	9 septembre	
»	»	»	»	
»	»	»	»	
Mi-septembre	»	»	»	
»	»	»	»	

TRADUCTIONS DU

KAPITEL I

DIE VERSCHIEDENEN ZUCHTGEBIETE.

Mittelfrankreich liefert seit langer Zeit ein besonders ausdauerndes und in den Knochen starkes Pferd von hartem Temperament und gestählten Gliedern, das ebensowohl im Krieg als hinter den Hunden und an der Arbeit sich bewährt hat.

Seine Adelsbriefe sind Jahrhunderte alt. Jederman kennt die berühmten Jagdtaten des Marquis de Foudras : auf Pferden von Morvan vollbrachte unser Held seine bekannten Reitzüge. « Ragotin », der Gaul des Pfarrers von Chapaize, war auch ein Pferd von Morvan, wohl von nicht sehr glänzender Miene, aber doch von sagenhafter Ausdauerkaftigkeit.

Das sind aber nur frische Adelsbriefe : seinen Adel hat doch unser Pferd vor grauen Zeiten auf dem Schlachtfeld erworben.

Während der itialienischen Kriegszüge im vierzehnten Jahrhundert sasz Karl VIII. auf einem Pferd aus der Bresse, » dem schönsten, das ich zu meiner Zeit gesehen habe », erzählt Commines. In der Schlacht bei Fornovo rettete es den König durch seinen schnellen Trab.

In dem Turnier, wo er starb, ritt Heinrich II. ein Pferd aus der Bresse nach türkischem Blut, ein Produkt der in die Gegend von den Herzögen von Savoyen eingeführten orientalischen Hengste.

Unsere Pferde scheinen zu dieser Zeit von den königlichen Ställen sehr geschätzt : sasz ja in der Schlacht bei Pavia Franz I. auf einem Pferd aus der Dombe.

Wenn wir die Ufer der Saone verlaszen, und nach dem Tal der Loire, und

CHAPTER I

HORSE BREEDING DISTRICTS

For many years, the Centre of France has bred a very strong horse, hardy and wiry, he is well known as an army horse, a hunter as well as a horse for general purposes.

He has been pure bred for several centuries. — Everybody knows Marquis de Foudras's hunting achievements — it was on Morvan horses that our famous huntsman followed the stag and blew on his horn the " change of kingdom ".

Ragotin, the Curé of Chapaize's nag was also a Morvandiau. If his looks were not very fine, his endurance was legendary.

But this is too recent fame ! our horse can boast of belonging to an older race of warriors.

In the XIVth century, during the wars in Italy, Charles VIII rode a Bressan horse " the finest I ever saw in my time ", Commines writes. At Fornovo, this bressan horse saved the king, thanks to his speed.

In the tournament, where he was killed, king Henry II rode a " Bressan of Turkish origin », bred from Eastern stallions brought into our country by the dukes of Savoy.

At that time our horses seemed to be very much appreciated in the royal stables and we know that at the battle of Pavia, Francis I rode a Dombe horse.

TEXTE FRANÇAIS

<table>
<tr><td>

CAPÍTULO PRIMERO

DIFERENTES REGIONES DE CRIANZA

</td><td>

CAPITOLO I

PAESI DI ALLEVAMENTO

</td></tr>
</table>

Desde hace mucho tiempo, la región del centro de Francia ha producido un caballo muy resistente, de esqueleto muy acusado, de temperamento duro, de miembros vigorosos, animal igualmente reputado como caballo de guerra, de caza o de trabajo.

Es ya muy antiguo su abolengo. Conocidas son las proezas cinegéticas del marqués de Foudras : Nuestro famoso montero daba sus largas caminatas, en las que « tocaba el cuerno cuando cambiaba de reino » montado sobre caballos del Morvan. « Ragotin », la jaca del cura de Chapaize, era también una morvandesa, de aspecto poco brillante, pero de resistencia legendaria.

Pero, esos no son sino cuartos de nobleza recientes, porque nuestro caballo es de buena y vieja nobleza de espada.

En el siglo catorce, durante las guerras de Italia, Carlos VIII montaba un caballo de Bresse « el más bello caballo que yo haya visto en mi tiempo » dice Commines. En la batalla de Fornovi, aquel bresano salvó al rey por su velocidad.

En el torneo en que halló la muerte, Enrique II tenía como cabalgadura, « un bresano de origen turco », producto de caballos orientales importados en la región por los duques de Saboya.

Nuestros caballos eran muy apreciados por esta época en las caballerizas reales y, sabemos que, en la batalla de Pavía, Francisco I montaba un caballo de la Dombe.

Si dejamos las orillas del Saona, para ir cerca del Loira, al Berry, vemos a

Il centro della Francia ha, da molto tempo, prodotto un tipo di cavallo fortissimo, di scheletro marcato e di membra ben proporzionate : un animale riputato ottimo come cavallo da guerra, da caccia e da servizio.

La sua razza è conosciuta da secoli. Ognuno ricorda le prodezze fatte alla caccia dal Marchese di Foudras. Questo famoso cacciatore montava uno dei nostri cavalli del « Morvan » per inseguire il cervo e quando faceva suonare « il cambiamento di regno ».

Ragotin, il ronzino del Curato di Chapaize, anche un « Morvandiau », se non bellissimo, possedeva una forza leggendaria.

Queste, però, sono glorie recenti il nostro cavallo è di antica razza da guerra.

Vediamo nel secolo decimo quarto durante le guerre d'Italia, Carlo VIII montare un cavallo di Bresse. « Il cavallo più bello che ho mai veduto » scriveva Commines e fu questo Bressan chè, alla battaglia di Fornovo, salvo il Rè con la sua velocità.

Enrico II, nel torneo in cui morì, montava un « Bressan di origine turca », un prodotto degli stalloni orientali importati dai duchi di Savoia. Sappiamo che i nostri cavalli furono molto apprezzati nelle Scuderie reali e che alla battaglia di Pavia, Francesco I montava un cavallo della Dombe.

dann nach Berry ziehen, hören wir, wie Herr Honoré d'Urfé in seinem Roman « *L'Astrée* » von der Vornehmheit der in Forez gezüchteten Tiere spricht. In Berry befanden sich unter Heinrich IV. berühmte Gestüte : in Mehun-sur-Yèvre war Sullys Aufzuchtstätte, die einzige, wo man Pferde für den König züchtete. Dieser schenkte der Königin Elisabeth « schöne Pferde aus seinem Gestüte in Berry ».

Das sind ebensoviele Beweise, dasz das Pferd Mittelfrankreichs zu einem guten, alten Stamm gehört. Edles Blut betrügt nie : somit kann man der Ausdauerhaftigkeit und der Qualität der Nachkommenschaft sicher sein.

Wer unter Warmblutpferden einen ausgezeichneten Diener sucht, wird ihn ohne Zweifel in Mittelfrankreich finden. Wünscht er ein ausgezüchtetes Tier für Querfeldeinrennen, einen mächtigen und geschickten Springer, der in Turnieren glänzt, einen « Cob » mit vielem Nerv und breitem Brustkasten, kurz ein sehr gutes Gebrauchspferd, das beritten oder angespannt werden kann, so wird er in der Gegend von Charolles oder in den benachbarten Aufzuchtstätten den beliebten Diener finden.

Das Departement der Saône-und-Loire liegt in Mittelpunkt der Zucht des Warmblutpferdes. Ringsherum stellen andere Gebiete ein Pferd vom fast selben Kaliber her, dessen Typus und Blut aber eigentümliche Charaktere haben. Daher scheint es angebracht, die folgenden Typen nacheinander zu betrachten.

1) Das Pferd der Umgegend von Charolles (Saône-und-Loire, Allier, Cercy-la-Tour, Umgebung von Roanne) ;
2) Das Pferd von Forez ;
3) Das Pferd von Berry (Cher und Nevers) ;
4) Das Pferd von der Dombe (Ain).

Jeder Typus wird in einigen Seiten

If, leaving the banks of the Saône we go to the Loire and arrive at Berry we find Messire Honoré d'Urfé, in the *Astrée*, describing the excellency of horse breeding in Forez. During the reign of Henri IV, Berry was the country for famous studs. At Mehun s/ Yèvre was Sully's stud, the only one where horses were bred for the King's use. The latter sent, as a present, to Queen Elizabeth " fine horses from his Berry studs ".

These facts, chosen from thousands, show that the horse of the Centre of France comes from good old stock, which may account for the endurance and value of its progeny, for " what is bred in the bone will never out of the flesh ". Those requiring good pure bred horses, will find them in the Centre of France ; whether wanting high-class ones to run steeplechases or strong and clever jumpers for tournaments or powerful cobs for riding or harness work, they will find what they wish in Charolais, or in the neighbouring horse-breeding districts.

Saône et Loire is the Centre for bloodstock breeding ; near it, there are districts producing types which differ slightly ; but as they have special characteristics of build and of breeding we shall speak successively of :

1. The Charolais horse (Saône et Loire, part of Nièvre (Cercy la Tour), Roanne).
2. The Forez horse (Loire).
3. The Berry horse (Cher and part of Nièvre).
4. The Dombe horse.

Concerning all these types we shall write a few pages studying the production of those different parts of the country, saying a few words about the horse-

URFÉ (Marsan p. s. et fille de Charmoy 1/2 s.), né chez M. Séchaud, à Gacon (Allier). Acheté pour l'Italie par M. Giovanini, vainqueur dans plusieurs Concours Internationaux monté par le Capitaine Lequio.

Cliché Mondial Photo, Nice.

PORTO (Harly 1/2 s. et fille de Royal 1/2 s.), né chez M. J.-M. Cailler, à Génelard (S.-et-L.). Acheté pour l'Italie par M. Giovanini au Marquis de Croix. Vainqueur dans plusieurs Concours Internationaux monté par le Capitaine Lombardi.

TARTARIN (Journaliste $^1/_2$ s. et fille de Rabat-Joie p.s.), né chez M. Claude Lapray, à Marizy (S.-et-L.). 1er Prix à Charolles, Vichy. Champion Poids lourds, Saumur 1923.

Cliché S. U. I.

UNIQUE (Marsan p. s. et Ida par Aloès $^1/_2$ s.), né chez M. Chamaraud, à Saint-Yan (S.-et-L.). 1er Prix à Charolles, Vichy, Coupe Poids lourds, Saumur, 1923.

Cliché S. U. I.

Honoré d'Urfé hablar la *Astrea* de la cualidad de la cría del Forez. En cuanto al Berry, en tiempo de Enrique IV, era el país de los acaballaderos célebres : en Mehun-s.-Yèvre se encontraba el depósito de sementales de Sully el único en que se criaban caballos destinados al rey. Este enviaba de regalo a la reina Isabel « bellos caballos procedentes de sus criaderos del Berry ».

Estos hechos, tomados entre mil, son la prueba de que el caballo del Centro es de buena y vieja cepa y, como buena sangre no puede mentir, es una garantía de la resistencia y de la calidad que han de tener sus descendientes.

El aficionado al caballo de media sangre que busca un servidor de calidad, está seguro de encontrarlo en el centro de Francia. Si quiere un animal de sangre muy limpia para carreras, un saltador diestro y potente para lucir en los concursos hípicos, o un cob enérgico y noble, excelente animal de trabajo, fácil de montar y de enganchar, hallará un servidor a su gusto en el Charolais o en los centros de cría vecinos.

El departamento de Saône-et-Loire es el corazón de la crianza del media sangre. Cerca de este núcleo, otras regiones vecinas producen un caballo de alzada poco diferente, pero que tiene no sólo como aspecto sino como pureza de sangre, características especiales. Parece oportuno, a propósito de dichas características, hablar sucesivamente :

1º Del caballo del Charolais (Saône-et-Loire, Allier, parte de la Nièvre [Cercy-la-Tour], región de Roanne) ;
2º Del caballo del Forez (Loire) ;
3º Del caballo del Berry (Cher y parte de la Nièvre [Nevers]) ;
4º Del caballo de la Dombe (Ain).

A cada uno de estos tipos se consagrarán algunas páginas de este folleto. Examinaremos la producción de cada una

Se, dalle rive della Saona passiamo a quelle della Loira, indi nel Berry vediamo Messere Onorato d'Urfè che parlò nell' « Astrée » delle qualità del cavallo allevato nel Forez. Il Berry, al tempo di Enrico IV era il paese delle famose razze di cavalli : a Mehun s/Yèvre esisteva la razza di Sully, l'unica dovè si domavano i cavalli per il Rè che mandò ad Elisabetta in regalo dei « bei cavalli provenienti dalle sue Razze di Berry ».

Questi fatti, presi fra mille altri, dimostrano che il cavallo del Centro è di buona e vecchia razza e come « buon sangue non puo degenerare » la sua robustezza e le sue qualità sono di garanzia per l'avvenire.

Il conoscitore di cavalli di mezzo sangue, alla ricerca d'un buon cavallo, potrà trovarlo nel Centro della Francia ; desiderando un cavallo di primo ordine per prendere parte alle corse, un saltatore abile e robusto da concorso ippico o un « cob » energico, un buon cavallo da sella e da tiro, lo troverà nel Charolais o in quei paraggi.

La regione della Saona e Loira è il centro della produzione dei cavalli di sangue e vicino a questo, altri paesi producono un cavallo simile, ma con caratteristiche speciali nella forma e nella purezza del sangue.

Mi sembra doveroso parlare :

1. Del cavallo del Charolais (Saona e Loira, Allier, parte della Nièvre (Cercy-la-Tour), Roanne).
2. Del cavallo del Forez (Loira).
3. Del cavallo del Berry (Cher-Nièvre).
4. Del cavallo della Dombe (Ain).

A ciascuno di questi tipi dedichiamo poche pagine di questo lavoro ma citeremo la produzione di ciascuno di questi paesi,

behandelt. Wir betrachten die Bodenerzeugnisse jeder Gegend und ihre Reichtümer ; wir sprechen auch kurz von den Prüfungen, wo die Pferde in Geltung gebracht werden, von den Fahrschulen, wo man sie für die Prämiierungen und den Verkauf bereitet, von den Gestüten, die den Züchtern geeignete Hengste zu Verfügung stellen.

shows, the breaking — in schools where they are trained for show and sale, and the studs where stallions can be found.

1º. Die Gegend von Charolles.

1º. Charolais horse.

Wenn die östlichen Abhänge der Hügel um Mâcon mit Reben bepflanzt sind und einen berühmten Wein liefern, wenn in dem Kiers von Louhans und in dem Hauptteil dessen von Chalon-sur-Saône einzig und allein der Ackerbau betrieben wird, so sind hingegen die Kreise von Charolles und Autun in dem Departement der Saône-und-Loire mit reichen und schönen Weiden bedeckt, wo man nebst den bekannten weiszen Ochsen die berühmten Pferde von Charolles züchtet.

Das dichteste Zuchtgebiet befindet sich in der gebirgigen Gegend, die das Tal der Loire von dem der Saone trennt, in den Nebentälern also der Grosne, der Guye, des Arroux, der Arconce, der Bourbince und des Sornins : da liegt das sogenannte « französische Irland », das die Grenzen des Departements der Saône-und-Loire überschreitet, bis Cercy-la-Tour (Nièvre), Moulins und Montluçon (Allier) sich dehnt, und den Teil des Kreises von Roanne erreicht, der mit dem Departement der Saône-und-Loire grenzt.

Abstammung. — Nach den Chroniken hat das Pferd dieser Gegend die selbe Abstammung, wie das Pferd der Gegend von Limoges, dessen Ahnen die nach der Schlacht bei Poitiers den Sarrazenen geraubten arabischen Pferde sein sollen.

Ohne so weit zurückzugreifen, kann man doch behaupten, dasz das Pferd von Charolles mit dem von Morvan verwandt

Wine-growing, producing a famous wine on the eastern steeps of the hills of the Mâconnais, only agricultural in the district of Louhans and in the greatest part of that of Châlon s /Saône, the department of Saône et Loire is, in the countries of Charolles and Autun, covered with beautiful fertile meadows, where the well-known Charolais horses are bred, near the famous white oxen.

The most important horse breeding country is on the hills between the valley of the Loire and that of the Saône, in the small valleys of the Grosne, Guye, Arroux, Arconce, Bourbince and Sornin : it has been called " French Ireland " ; it stretches from Saône et Loire, as far as Nièvre (round Cercy la Tour), in Allier, round Moulins, Montluçon and the part of Roanne district which borders on Saône et Loire.

Origin. — If chronicles may be trusted, the Charolais horse has the same origin as the " Limousin " i. e : Arabian horses taken after the battle of Poitiers.

Without going so far back, they are connected with the Morvan horse, welle known for its strength.

de dichas regiones, sus recursos ; diremos igualmente una palabra sobre los diferentes concursos en que los caballos son valorizados, de las escuelas de doma que los preparan para los concursos y la venta y de los depósitos de sementales que ponen a disposición de los ganaderos los reproductores apropiados.

i concorsi dove i cavalli sono presentati, le scuole di allevamento dovè sono preparati pei concorsi e per essere venduti e le Razze dove gli allevatori trovano stalloni purissimi.

1º. Caballo del Charolais.

Vitícola y productor de un vino reputado en las pendientes de las colinas del Mâconnais, únicamente agricola en el distrito de Louhans y en la parte más grande del de Chalon-s.-Saône, el departamento de Saône-et-Loire está, en los distritos de Charolles y de Autun, cubierto de bellos y ricos pastizales donde, al lado de la célebre raza vacuna blanca, se crían los caballos afamados del Charolais.

En la región montañosa que separa el valle del Loire del del Saône, en los valles secundarios del Grosne, del Guye, del Arroux, del Arconce, del Bourbince y del Sornin, se encuentra la región de cría más densa. Suele llamársela « la Irlanda de Francia ». Se extiende igualmente más allá del departamento de Saône-et-Loire, en la Nièvre, región de Crecy-la-Tour ; en el Allier, región de Moulins y de Montluçon y en la parte del distrito de Roanne que toca al departamento de Saône-et-Loire.

Orígenes. — Según las crónicas, el antiguo caballo de dicha región tiene el mismo origen que el lemosín que parece reconocer como ascendientes los caballos árabes tomados a los Sarracenos, tras la batalla de Poitiers.

Sin ir más lejos, el caballo charolés procede de la raza del Morvan conocida desde hace mucho tiempo por su rusticidad y su resistencia.

Los monteros de las numerosas expediciones caceras de la región se proveían en

1º. Cavallo del Charolais.

La regione della Saona e Loira, vitícola, produttrice di vini famosi sul pendio orientale delle colline del Mâconnais, unicamente agricola nel distretto di Louhans in grande parte di quello di Chalon, è, nei distretti di Charolles e Autun, coperta di praterie belle e ricche dove insieme ai famosi buoi bianchi del Charolais sono allevati cavalli molto apprezzati.

Nella montagna che divide la vallata della Loira da quella della Saona, nelle vallate meno importanti della Grosne, della Guye, del Arroux, dell' Arconce, della Bourbince e del Sornin si trova il piu bel allevamento di cavalli e per questo è stato chiamato « l'Irlanda francese ». Si stende nella Nièvre e nei distretti di Moulins e Montluçon e nella parte del distretto di Roanne che tocca Saona e Loira.

Origine. — Se dobbiamo credere alla tradizione, l'antico cavallo di questo paese, come il cavallo limosino, trarrebbe la sua origine da cavalli arabi presi ai Sarraceni dopo la battaglia di Poitiers — ma si ritiene che questa razza del Charolais abbia stretti legami con quella del Morvan conosciuta da tutti per la sua robustezza.

Tutti i cacciatori della provincia trovavano colà instancabili cavalli : di sta-

ist, das sich seit langer Zeit durch seine Ausdauerhaftigkeit und seine Härte auszeichnet.

' Hier waren sozusagen die Remontedepots vieler Jagdmeuten der Umbegung, wo die Jägermeister unermüdliche Ergänzungspferde fanden, Pferde nämlich von kleiner Gestalt, geringer Vornehmheit, mit einem oft schweren Kopf und fast ungenügenden Aufsatz, die jedoch eine, bemerkenswerte Brusttiefe und eine mächtige Schulternbreite besitzen. Ihre Taten erzählte der Marquis von Foudras · in seinem Buch « Les Gentilshommes chasseurs ».

Diese Stuten von Morvan zeugten ursprünglich die Pferde von Charolles. Nicht allein auf der Jagd haben aber ihre Produkte ihre ungewöhnliche Ausdauerhaftigkeit bewiesen, denn die Viehzüchter von Morvan und Charolles muszten ihre Ochsen auf den wichtigen Märkten verkaufen : eine Stute, die zuerst unter dem Viehhändler trabte, und dann, als die Landstraszen es erlaubten, den Wagen zog, führte in einer Nacht auf die Märkte von Lyon und Villefranche, und kehrte in der folgenden zurück [ungefähr 100-120 km für eine Reise].

Nach 1870 blieben einige Stuten der Armee Bourbakis in der Gegend zurück, als dieses Heer die schweizerisch-französische Grenze überschritt : fast alle kamen aus der Normandie her.

Entwickelung des Typus. — Zuchtgebiete. — Aufzuchtweisen. — Die Entfaltung des staatlichen Gestütes von Cluny (1874) verleiht der Zucht der Halbblutpferde eine um so gröszere Bedeutung, als sie auch durch die Gründung der « Société hippique de Saône-et-Loire » mehr begünstigt wurde : neue Fahrschulen helfen den Züchtern ihre Pferde geltend machen.

Eben zu dieser Zeit wurde die erste Prämiierung von Vichy eröffnet [1888] : zahlreiche Liebhaber stellen da das harte

The huntsmen of our province were supplied there with untiring horses, rather small, not very well bred, sometimes heavy in front with a rather faulty back line but with remarkably deep chests and powerful haunches.

Their exploits have been related by the Marquis of Foudras in his " gentilshommes chasseurs ".

This Morvandelle breed is the origin of the Charollaise and its progeny have given proofs of their extraordinary endurance outside the hunting field. When the Morvan and Charolais oxen-breeder had to take his oxen to important markets he used to ride one of his mares and later on (when the roads allowed it) he would use her in harness. They would go to Lyons or Villefranche in one night (ready to come back the next one) which meant 60 or 70 miles each way.

After 1870, some mares belonging to Bourbaki's army were left in our contry when that army went to Switzerland, most of them being Norman horses.

Evolution of the type. — Breeding districts. — Breeding methods. — As Cluny Government studs became more important (1874) the breeding of half-. breds increased helped by the Saône et Loire " Société Hippique ".

Breaking in schools were started and assisted breeders to improve their horses.

Then was founded the Vichy horse show (1888). The type of the horse shown there and its strength could be ascertained and numerous bargains were made.

But, at that time, the carriage horse was mostly in demand and the " Mor-

ésta de animales infatigables : caballo de alzada reducida, sin gran distinción, de cabeza a menudo pesada y de lomos descuidados, pero de pecho notablemente amplio y de ancas poderosamente salientes. Sus proezas fueron contadas por el marqués de Foudras, en *Les Gentils-hommes Chasseurs*.

La yeguada « morvandesa » se halla en la base de la raza charolaise. Por otra parte, no han dado sólo en la caza sus productos pruebas de su fondo extraordinario. El ganadero del Morvan y del Charolais tenía que vender sus bueyes en las ferias importantes y era una jaca del mismo origen la qne, montada primero por el hombre, enganchada después, cuando lo permitieron las carreteras, conducía al ganadero en una noche (para volver la noche siguiente) al mercado de ganado de Lyon o de Villefranche (sea cerca de 100 o 120 kilómetros para cada trayecto).

Tras el año de 1870, unas yeguas del ejército de Bourbaki quedaron en el país, cuando pasó este ejército a Suiza ; eran, en su mayor parte, de origen normando.

Evolución del modelo. — Regiones de cria. — Modo de cria. — Con el de arrollo del depósito de Cluny (1874) la cría del caballo de media sangre toma gran importancia, favorecida por la creación de la Sociedad hípica de Saône-et-Loire. Créance escuelas de doma que ayudan poderosamente a los ganaderos en la valoración de sus caballos.

Es el momento de la creación del concurso de Vichy (1888). Los numerosos aficionados observan el temple y la energía de los animales presentados ; los ganaderos tratan en él negocios importantes.

Pero, en aquella época, el caballo de tiro era muy solicitado y « la jaca morvandesa » había evolucionado sobretodo hacia los tipos del caballo de tiro.

Desde hace una treintena de años,

tura media, di forme perfette, puri, spesso colla testa tozza, col petto molto largo, e le anche sviluppate. Le loro prodezze sono state citate dal Marchese di Foudras nel suo liro « Nobbili cacciatori ».

Queste cavalle del Morvan sono alle origini della **Razza dei cavalli del Charolais**, ma non soltanto alla caccia hanno dato prove della loro robustezza straordinaria.

L'allevatore del Morvan e Charolais, obligato ad andare nei mercati importanti per vendere i suoi buoi, montava un cavallo da sella, piu tardi (quando le condizioni delle strade lo permisero) attacava una ronzina di questa razza che, in una notte, lo menava a Lione, a Villefranche per ritornare la notte seguente (100 o 120 . chilometri per ogni gita).

Dopo il 1870, parecchie cavalle normanne furono lasciate dopo l'entrata dell' esercito di Bourbaki in Isvizzera.

Evoluzione del tipo. — Paese di allevamento. — Metodi. — L'allevamento del cavallo mezzo sangue raggiunse una grande importanza collo sviluppo della razza di Cluny (1874) e fu aiutato dalla « Société hippique de Saône-et-Loire ». Furono create scuole di allevamento che sono molto utili agli allevatori e fu istituito il Concorso di Vichy (1888) dovè i numerosi amatori possono vedere l'energia e la tempra dei cavalli presentati e dove i mercanti fanno molti affari.

In questo tempo si preferiva il cavallo da tiro e il bidello « morvandiau » aveva cambiato verso questo tipo — ma da trent'anni spinti dai premi dati nei Concorsi, dalle domande della Rimontai

und energische Temperament dieser Tiere fest ; bedeutende Geschäfte werden unter den Händlern geschloszen.

Damals verlangte man aber besonders Wagenpferde, deren Typen der Gaul von Morvan im Laufe seiner Entwickelung sich mehr und mehr genähert hatte.

Die Züchter, die die in den Prüfungen bekommenen Aufmunterungen und die Bestellungen der Heeresremonte angeregt hatten, streben jetzt fast einzig nach dem Herstellen von Sattelpferden. Die Verwendung von Beschälern reinen Blutes und eine genaue Wahl der Stuten erlauben es, einen ausgezeichneten Hunter zu liefern.

Die Pferdezucht ist von der Viehzucht nicht getrennt. Die Pferde leben im Freien: daher ihre ungewöhnlich harte Ausdauerhaftigkeit. Bis zum Anfang des dritten Jahres bleiben sie auf der Weide, sowie sie auf der Weide geboren werden. Die besten unter ihnen, die an Rennen und Prämiierungen als Halbblutpferde teilnehmen sollen, futtert man mit Hafer am Ende des ersten Jahres, und sie werden im Herbst des zweiten in Stall untergebracht.

Der Schlag ändert ein wenig mit der Gegend. Die nördliche Hälfte des Departements der Saône-und-Loire, wo auf einem hügeligen Boden eine feine und kräftige Grasart wächst, stellt ein trockenes und hartes Tier her : man findet « Mittelgewichte » besonders in Joncy, La Guiche, Mont-Saint-Vincent, Blanzy. Auf den kalk- und phosphorreichen Weideflächen der südlichen Hälfte leben aber schwerere Tiere von stärkerem Unterleib und mächtigerem Körperbau. In Charolles, Paray-le-Monial, La Clayette sind edle und zugleich schwere Pferde zu haben; in Cluny Pferde von besserer Knochenstärke, aber von geringerem Schlag ; zu dieser letzteren Hälfte gehört auch die Gegend von Cercy-la-Tour bei Nevers.

Gegenwärtiger Typus. — Das Pferd von der Umgebung von Charolles ist heute der echte Hunter mittleren und schweren

vandiau nag " was developping into that type.

For thirty years, encouraged by the prizes given at horse-shows and the requirements of the Remounts Dept breeders have tried to produce saddle-horses — Thanks to the judicious use of thorough-bred stallions and the good choice of brood-mares they now obtain excellent hunters.

Horse breeding is combined with oxen-breeding ; the horses are always free in the open air which makes them remarkably strong.

Born in the meadow, they remain there until they are three years old. The best among them, training for half-bred racing or for show, eat oats when two years old and are brought to the stable in the autunm of their second year. The type varies according to the part of the country : the hilly north of S. et L., with its fine rich grass land produces a thin, wiry animal. It is the country for " middle-weight " horses with Joncy, La Guiche, Mont Saint Vincent, Blanzy as centres. In the South of Saône et Loire, the chalky and phosphated pastures produce stronger bigboned horses : it is Charolles, Paray-le-Monial, La Clayette which produce big and high-class animals ; Cluny, an animal still bigger-boned but not so fine. This type of big, strong-boned horse is produced also by the country round Cercy la Tour (Nivernais).

Present type of the Charolais horse. — Now, the Charolais horse is a typical hunter (middle or heavy weight) : strongly built and wiry, clearly of " ogival type " it

COPAIN, ex-Sapristi (Marsan p. s. et fille de Dédit ¹/₂ s.) (Voir planche V). 1ᵉʳ en 1925 sur la liste des chevaux gagnant en Concours Hippiques Hollandais et Internationaux.

Cliché Leeflang, La Haye.

FIANCÉE, ex-Virgule (Fil-en-Quatre ¹/₂ s. et fille de Jobelin ¹/₂ s.), née chez M. Hivert, à Versailleux (Ain), appartient au Capitaine de Cavalerie Stoffel (Suisse). A gagné en 1927 les coupes de Frauenfeld et Interlaken.

Cliché. Keller, Berne.

VEDETTE (Hussard $^1/_2$ s. et fille de Ralph $^1/_2$ s.), née chez M. Antoine Cortet, à Châtillon-sur-Chalaronne (Ain). Lauréate dans plusieurs Concours.

VEDETTE (Quibler $^1/_2$ s. et fille d'Intendant $^1/_2$ s.), née chez MM. Fr. Chevalier et Fontaine, à Viry (S.-et-L.). 1er Prix à Vichy, Charolles et Bourges. Prix d'honneur à Vichy 1925.

Cliché S. U. I.

impulsados por los premios dados en los certámenes, por las necesidades de la Remonta, los ganaderos se han orientado claramente hacia la producción del caballo del tipo de silla. Gracias al empleo del caballo de pura sangre, gracias a una elección juiciosa de las yeguas reproductoras, han llegado a producir un excelente hunter.

La cria del caballo se practica al mismo tiempo que la del buey.

Los caballos son criados siempre en libertad. Este medio de vida les da una resistencia y una rusticidad notables. Nacidos en el prado, quedan en él hasta el principio de su tercer año. Los más privilegiados, destinados a las carreras de media sangre y a los concursos, comen avena a los dos años y van a la cuadra al otoño de su segundo año.

Según la región, el modelo difiere algo. El norte de Saône-et-Loire, con un suelo más desigual, con hierba fina y substanciosa, produce un animal más seco y más vigoroso. Es el país de los « pesos medios », con Joncy, La Guiche, Mont-Saint-Vincent, Blanzy, como centros de producción principales.

En la parte sur del departamento, los pastos, muy ricos en caliza y en fosfato, producen animales más serios, más fuertes en sus miembros, con un esqueleto más desarrollado. Estos se encuentran en Charolles, Paray-le-Monial, La Clayette, que dan animales distinguidos y a la vez importantes ; Cluny, produce sujetos de armazón más fuerte, pero con algo menos de raza.

A esta última región caballar, que produce un caballo importante y de armazón fuerte, podemos añadir la de Cercy-la-Tour (Nivernais).

Tipo actual del caballo charolais. — Actualmente, el charolais es el verdadero tipo del hunter (peso medio y fuerte). Animal de esqueleto sólido, de miembros de acero, de tipo francamente ojival, tiene

gli allevatori si sono nettamente orientat, verso il tipo da sella — e adoperando razionalmente stalloni di puro sangue e cavalle bene selezionate sono riusciti a produrre un buonissimo « hunter ». L'allevamento del cavallo viene fatto insieme a quello del bove ; i cavalli sono lasciati sempre liberi e questa vita dà loro una grande robustezza : Nati nel prato, vi rimangono fino al principio del terzo anno. — I più privilegiati, destinati alle corse ed ai concorsi, mangiano la biada quando hanno due anni e sono messi alla stalla nell'autunno del loro secundo anno.

In ogni paese il tipo è un poco differente : al nord della Saona e Loira dove il terreno è piu montagnoso e l'erba fine e sostanziosa, si ottiene un cavallo piu magro e piu temperato. — E il paese dei pesi medi con Joncy, la Guiche, Mont Saint Vincent, Blanzy come centri principali di produzione. Nel sud di quella regione, i pascoli calcarei e ricchissimi di fosfati producono cavalli piu pesanti, piu forti, coll'ossatura molto sviluppata ; a Charolles, Paray le Monial, La Clayette si trovano animali puri e robusti ; a Cluny, cavalli piu ossuti ma forse di razza meno buona.

A questo tipo di cavallo grave e con l'ossatura molto marcata si puo confrontare quello di Cercy la Tour (Nivernais).

Il tipo attuale del Cavallo del Charolais. — Il Cavallo del Charolais è il vero tipo di « hunter » : ossatura forte, membra d'acciaio, tipo nettamente « ogival » ha la spalla lunga e obbliqua, la sellatura molto marcata, il garese asciutto, le anche

Gewichts : gedrungenes Gebäude, gestählter Gliederbau, auffallend spitzbogenförmiger Rippenkasten, lange und schiefe Schultern, herausspringende Bauchmuskeln, trockener Widerrist, ungewöhnlich breite Hanken-[dieser letzte Zug bildet das unfehlbare Kennzeichen jener Rasse] —, und am Ende des gerade gehefteten Halses ein trockener Kopf mit flacher Stirn und ausdrucksvollen Augen.

Es ist also ein frühzeitiges, energisches, gutmütiges Tier von hartem Temperament.

Erfolge in Prämiierungen und Rennen. — Ueber den harmonischen und reizenden Bau, dem diese Pferde glänzende Erfolge verdanken, soll man nicht ihre ausgezeichnete Qualität vergeszen : daher ihre zahlreichen Siege in den groszen Prämiierungen und Rennen.

Vor dem Kriege sind besonders zu erwähnen : INSOLENT (Vollblut, von Hors-d'Œuvre), der beste « Crak » in den französischen Konkurrenzen, den zuerst Herr Brodin an Springkonkurrenzen teinehmen liesz ; JEROME (Vollblut, von Violon II), FERRANDA (Vollblut, von Santander), IDEAL (Vollblut, von Vitellius), KLEBER VIII (Vollblut, von Gilbert). In den Rennen siegte oft die berühmte Stute JUDELLE (Vollblut, von Violon II ; Besitzer Herr Boyer).

In den Militärturnieren haben wir die Stute AMAZONE [Halbblut, von Raffiné] zu nennen, die unter dem Leutnant de Merlon von 1910 bis 1914 eine ununterbrochene Reihe Erfolge erhielt : in den Militärkonkurrenzen brachte sie 30.000 Fr. ein, und in New-York, Chicago, London, Brüssel und Luzern bekam sie mehrere Siegesbecher; ihr höchster Ruhmestitel bleibt es, einmal die zweite und zweimal die erste von 200 Pferden gewesen zu sein, die 1912, 1913, 1914 in London um den Becher der Königs warben.

Dann kommt die Mobilmachung : nach den Kommandeurs, die sie gebraucht haben, benehmen sich unsere Pferde wie has a long and slanting shoulder line, is deep-girthed, has thin withers and broad haunches, characteristic of the breed. Set on a straight neck its head is fine with its straight forehead and expressive eyes.

It is a clever, wiry horse gifted with au excellent temper and a strong constitution.

Prizes at Shows and Races. — Placed in the first rank by their beautiful proportions, they have also first-rate qualities and they win numerous prizes in Shows and Races.

Before the war there were :

INSOLENT (Hors d'Œuvre thorough bred) the first French " crack ". JÉROME (Violon II, th. b.), FERRANDA (Santander, th. b.), IDEAL (Vitellius, th. b.), KLÉBER VIII (Gilbert, th. b.).

In races, the famous JUDELLE (Violon II) belonging to M. Boyer.

In military competitions, we must particulary mention : AMAZONE (Raffiné h. b.) which, ridden by Ieutenant de Meslon-had so many victories from 1910 to 1914. Won 30.000 francs in military competitions — won many cups in New-York Chicago, London, Bruxelles, Lucerne. — Was second, and twice was first out of 200 horses, in London, winning the King's cup (1912-1913-1914).

After the mobilization of 1914, the Charolles horses showed themselves excellent war-horses in the opinion of the officers who used them. Like their humbler comrades our prize-winners changed the English saddle for the pack.

IDEAL was général Conneau's horse dur-

la espaldilla larga y oblicua, la cinchera muy acusada, la cruz seca, las ancas muy salientes (característica de la raza). Al extremo de un cuello erguido la cabeza es seca, la frente llana y los ojos expresivos.

Es un animal precoz, enérgico, dotado de excelente carácter y temperamento rústico.

Éxitos en concursos y en carreras. — A su modelo armonioso y seductor, que los hace siempre clasificar brillantemente, los charoleses unen una calidad de primer orden ; por eso sus éxitos en los grandes concursos y en las carreras son muy numerosos.

Antes de la guerra, fué INSOLENT (Hors-d'Œuvre, p. s.) el primer crack de concurso francés puesto a los obstáculos por el Sr. Brodin. Luego fueron JERÔME (Violon II, p. s.), FERRANDA (Santander, p. s.), IDEAL (Vitellius, p. s.), KLEBER III (Gilbert, p. s.). En las carreras fué la famosa JUDELLE (Violon II, p. s.) del Sr. Boyer.

En las pruebas militares, merece una mención especial AMAZONE (Raffiné, m. s.), cabalgadura del teniente Meslon que tuvo una serie de éxitos ininterrumpidos desde 1910 hasta 1914. Ganó ella sólo én las pruebas militares 30.000 francos, obteniendo varias copas en Nueva. York, Chicago, Londres, Bruselas, Lucerna... Su más bello título de gloria fué el de clasificarse una vez segunda y dos veces primera (entre 200 caballos) en la Copa del Rey en Londres (1912-1913-1914).

Luego, llegada la movilización, los charoleses, por lo general, según la opinión de los jefes de cuerpos que los utilizaron, se muestran maravillosos caballos de tropa. Como sus camaradas más modestos, nuestros laureados de concursos trocan la silla inglesa por la montura de ordenanza. Veremos varios de ellos que a pesar de su larga campaña hacen brillante figura. Tales son IDEAL, que, reclutado en 1914, es, durante la campaña, cabalgadura del

larghissime (caratteristiche della razza), sul collo dritto la testa leggera, la fronte spianata, l'occhio espressivo.

E un cavallo precoce, energico, dotato d'un carattere eccellente e d'un temperamente rustico.

Premi nei Concorsi e nelle Corse. — Alle belle linee armoniose che mettono sempre al primo posto i cavalli Charolais si aggiungono molte qualità che li fanno distinguere nei Concorsi e nelle Corse.

Prima della guerra INSOLENT (Hors d'Œuvre, puro sangue) il primo « crack » francese nei Concorsi, montato da M. Brodin, JÉROME (Violon II, p. s.), FERRANDA (Santander, p. s.), IDÉAL (Vitellius, p. s.), KLÉBER VIII (Gilbert, p. s.). Alle corse prendeva parte la famosa JUDELLE (Violon II, p. s.) di M. Boyer. Dobbiamo ancora citare : AMAZONE (Raffiné, m. s.) che, montata dal Tenente de Meslon, ebbe tanti premi dal 1910 al 1914. — Soltanto nelle Corse e Concorsi militari ha guadagnato 30.000 franchi — avuto molte « coppe » a New York, Chicago, Londra, Bruxelles e Lucerne.

Ha avuto la gloria d'essere una volta seconda, e due volte, prima di 200 cavalli nella « Coppa del Re » a Londra (1912-1913-1914).

Dopo la mobilitazione, li Charolais secondo l'opinione degli ufficiali che li adoperarono, risultarono eccellenti.

Come i loro compagni piu modesti i nostri vincitori di Concorsi cambiarono la sella inglese con la sella reggimentale. — Ne ritroviamo parecchi che malgrado i quattro anni di guerra fanno bella figura : IDÉAL, preso nel 1914, fu montato

herrliche Soldaten. Die Preisgekrönten wechseln, vie ihre bescheideneren Kameraden, den englischen Sattel gegen die vorschriftsmäszige Bepackung. Viele finden wir wieder, die nach 4 Kriegsjahren noch eine glänzende Miene haben. IDEAL wurde 1914 aufgeboten ; während des Krieges war es das Pferd des Generals Conneau und nach dem Kriege das des Generals Debeney. KLEBER VIII dient während des ganzen Krieges als Offizierpferd, wird 1919 seinem Besitzer, Herrn Chevrier, zurückgegeben, erhält 1920 und 1921 glänzende Erfolge in Prüfungen im Freien und Querfeldeinrennen. INCA (Vollblut, von Saïtaphernes), ein 1913 und 1914 preisgekröntes Pferd, wurde auch aufgeboten und wurde nach dem Krieg unter dem Leutnant Carbon zu einem der guten Springer in Militärspringkonkurrenzen. Die beiden Brüder, JOYEUX und TAPAGEUR, (Halbblutpferde, von Raffiné) nehmen teil, als Kriegspferde des Hauptmanns Costa, an den bekannten Reitzügen von 1914 und 1918, und nach ihrer Wiederkehr, in ziemlich hohem Alter, glänzen sie noch in Springkonkurrenzen, wie jüngere Pferde.

Nach dem Krieg fangen Rennen und Prämiierungen wieder an, und damit auch die Siege unserer Pferde : in den Rennen QUARANTAINE (Vollblut, von Favonio) (Pl. IV); Sieger im ersten Groszen Querfeldeinrennen in Maison-Lafitte); QUELQU'UN (Pl. II) (Sieger in Le Pin) ; RUE (Siegerin in Le Pin und in verschiedenen anderen Rennen). In Auteuil und Vincennes siegen SENEGALAS (von Favonio), SULTANE XII (von Marsan), QU'EN DIRA-T-ON (von Violon II), USAGER (von Favonio), AJAX (von Galafron), RAVISSANTE (von Rabat-Joie), QUIRINAL (von Imperator III), TOMBOLA (von Marsan) (Pl. XV), VLADIMIR (von Pouilloux), UTILE A TOUT (von Merry-Teddy) (Pl. XVIII), VENGEUR und VICTOIRE (von Monsieur Jourdain). Viele andere, die auch sehr gut sind, musz ich verschweigen.

In den Springkonkurrenzen behaupten unsere Pferde einen nicht minder glänzenden

ing the war and afterwards général Debeney's. During the war, KLÉBER VIII was an officer's horse ; retrieved in 1919 by its owner M. Chevrier, it was very successful in 1920, 21, in " Epreuves d'extérieur " and cross-country racing.

INCA (Saïtapharnès, th. b.) a prize winner in 1913, 14, was taken for the Army. After the war, it was ridden by Lieutenant Carbon, one of the best jumpers in Military Competitions.

I must not forget the two brothers JOYEUX and TAPAGEUR (both by Raffine) which being captain Costa's were in the famous 1914 and 1918 raids and have come back, full of go in spite of their age, to win prizes as first-rate jumpers.

After the war, QUARANTAINE (Favonio, t. b.) (pl. IV), won the first Cross-Country at Maisons-Lafitte. Two others among Favonio's progeny were : QUELQU'UN, pl. II), winner at the Pin. RUE, winner at the Pin and at many other places.

Other victories at Auteuil and Vincennes with SÉNÉGALAIS (Favonio), SULTANE XII (Marsan), QU'EN DIRA-T-ON (Violon II), USAGER (Favonio), AJAX (Galafron), RAVISSANTE (Rabat-Joie), QUIRINAL (Imperator III), TOMBOLA (Marsan), (pl. XV), VLADIMIR (Pouilloux), UTILE-A-TOUT (Merry Teddy), (pl. XVIII), VENGEUR and VICTOIRE (M. Jourdain). I must omit many excellent ones.

In jumping competitions the Charollais horses take a good place : SAPRISTI (Marsan), (pl. V and IX), of Marquis de Croix's breeding, bought by captain Labouchère of the Dutch Cavalry School, won several prizes in foreign countries.

In 1925, was always among the first

general Conneau y, tras la guerra, del general Debeney ; KLEBER III, que hace toda la campaña como caballo de oficial ; luego, recuperado en 1919 por su propietario, el Sr. Chevrier, tiene éxito, en 1920 y 1921, en las pruebas de exterior y en los cross ; INCA (Saitapharnès, p. s.) que, laureado en el concurso en 1913 y 1914, reclutado, y luego, puesto de nuevo a los obstáculos, tras la guerra, es con el teniente Carbon uno de los buenos saltadores de los concursos militares. No quisiera olvidar a los dos hermanos, JOYEUX y TAPAGEUR, ambos hijos de Raffiné media sangre, que, caballos de armas del Capitán Costa, toman parte en los raids famosos de 1914 y 1918 y vuelven, aún jóvenes a pesar de sus numerosos abriles, a brillar en todas las pruebas de obstáculos.

Tras la guerra, carreras y concursos se inician de nuevo y los charoleses siguen brillando.

En las carreras, CUARENTENA, por Favonio, p. s. (pl. IV) gana el primer gran cross de Maisons-Laffitte ; luego, dos otros productos de Favonio : QUELQU'UN (pl. II), vencedor en el Pin ; RUE, premiada en el Pin y en otros muchos cross. Gánanse victorias en Auteuil y Vincennes, con SENEGALAIS (Favonio), SULTANE XII (Marsan), QU'EN DIRA-T-ON (Violon II), USAGER (Favonio), AJAX (Galafron) ; RAVISSANTE (Rabat-Joie), QUIRINAL (Imperator III), TOMBOLA (Marsan) (pl. XV), VLADIMIR (Pouilloux), UTILE-A-TOUT (Merry-Teddy) (pl. XVIII), VENGEUR y VICTOIRE (Monsieur-Jourdain). Otros paso muy buenos.

En los concursos de obstáculos, los charoleses guardan también brillantemente su puesto. SAPRISTI, hijo de Marsan (pl. V et IX) de la cría del marqués de Croix, comprado por el capitán Labouchère, jinete de la Escuela de Caballería holandesa, gana varias victorias en el extranjero.

En 1925, lo encontramos al frente de la lista de los caballos premiados en los

dal Général Conneau durante la guerra e dopo, dal Général Debeney.

KLÉBER VIII prese parte a tutta la campagna come cavallo d'ufficiale ; ricuperato nel 1919, dal suo proprietario M. Chevrier, fu vincitore nelle corse del 1920 a 1921.

INCA (Saïtapharnès, p. s.) che, vittorioso nei Concorsi degli anni 1913 e 1914, fu preso come cavallo di guerra e dopo, montato dal Lieutenant Carbon fu uno dei migliori saltatori nei Concorsi militari.

Non vorrei dimenticare i due fratelli JOYEUX e TAPAGEUR (Raffiné) che di proprietà del Capitano Costa, tornarono ancora giovani dei famosi « raids » del 1914 e del 1918, per brillare nelle corse ad ostacoli.

Dopo la guerra, QUARANTAINE (Favonio, p. s.) (pl. IV) vinse il primo « Cross » a Maisons-Laffitte. Altri due prodotti di Favonio : QUELQU'UN, (pl. II) il vincitore del Pin, RUE, che vinse tante corse di « Cross ». — Premiati ad Auteuil e Vincennes : SÉNÉGALAIS (Favonio), SULTANE XII (Marsan), QU'EN DIRA-T-ON (Violon II), USAGER (Favonio), AJAX (Galafron), RAVISSANTE (Rabat Joie), QUIRINAL (Imperator III), TOMBOLA (Marsan) (pl. XV), VLADIMIR (Pouilloux), UTILE A TOUT (Merry-Teddy) (pl. XVIII). VENGEUR e VICTOIRE (Monsieur Jourdain). Ne lascio parecchi eccellenti.

Nei concorsi con ostacoli, li Charolais tengono i primi posti : SAPRISTI, figlio di Marsan, (pl. V e IX) proveniente dall'allevamento del Marchese de Croix, e, comprato dal Capitano Labouchère della Scuola di cavalleria olandese, ebbe parecchi primi premi all' estero.

Platz. SAPRISTI (Pl. V et IX) [von Marsan, Ztüchter Marquis de Croix], wurde von Ritmeister Labouchère, von der niederländischen Militärreitschule gekauft und erhielt mehrere Erfolge im Ausland. 1925 steht dieses Pferd an der Spitze der in niederländischen Turnieren preisgekrönten Tiere; es hat King of Heads und Silver Piece, die beiden Sieger in der Olympiade in Paris, besiegt. QUELQU'UN (Pl. II) sprang vor kurzem in Bourges über 2 Meter hoch.

Es wurden einige unserer Pferde von Italien eingeführt, wo sie glänzdene Springer wurden. Man musz besonders PORTO (Halbblut, von Harly) (Pl. VII); Züchter, Marquis de Croix) und URFÉ (Pl. VII) (ein nerviges Vollblut von Marsan) erwähnen, dessen Kraft und, Geschmeidigkeit unter Rittmeister Loquio, einem wahren Meister, in Genf letzthin bemerkt wurden. QUART-D'HEURE (Vollblut, von Foscarini) (Pl. V) siegte 1924 in Spanien in der Jahreskonkurrenz für Kriegspferde. Die Sicherheit, die HERMIONE III (Vollblut, von Merry Teddy (Pl. XII et XX); Besitzer: Emil. Riant, Siegerin in Paris, Vichy, Saumur) in den Konkurrenzen von 1926 und 1927 beim Springen bewies, setzte einen jeden in Erstaunen.

Diese Aufzählung unserer Zierden darf ich nicht in die Länge ziehen. Es sei nur noch TITANIC (Pl. I) erwähnt (herrliches schweres Halbblut, von Intendant; Züchter : Herr Francis Grivaud) ; es wurde 1923 in Vichy S. M. dem Könige von Belgien verkauft, und gilt heute als das beste Sattelpferd der königlichen Ställe. Zum Schlusz möchten wir noch daran erinnern, dasz eben ein Pferd unserer Gegend, SUPERBE (Pl. I) (Halbblut, von Dacur ; Besitzer Graf de Toulouse-Lautrec) 1927 in Brüssel unter zahlreichen Preisen den Becher des Königs davontrug.

Hengsthaltung. — In der Gegend von Charolles hat die Eigenhengsthaltung keine Bedeutung : das staatliche Gestüte zu Cluny versieht fast ausnahmslos alle Züchter mit Beschälern. Im Kapitel II

winners in the different horse competitions in Holland. Has beaten king of Hearts and Silver Piece, the two champions of Paris " Jeux Olympiques ".

QUELQU'UN, the old winner at le Pin, (pl. II), recently jumped 2 meters at Bourges.

Italy has bought some of our horses which have become good jumpers. I must name PORTO (Harly h. b.) (pl. VII), and URFÉ, a fiery son of Marsàn (th. b.) (pl. VII), whose strength and suppleness were admired in the last Geneva horse-show where he was so well ridden by captain Lequio.

In Spain, in 1924, QUART D'HEURE (Foscarini, th. b.) (pl. V), has won the first prize in the yearly competition for war horses.

In the competitions (1926 et 1927) HERMIONE III (Merry Teddy, th. b.) belonging to M. Emm-Riant has been admired by every body for its steadiness before the obstacles. Won prizes at Paris, Vichy and Saumur.

One could write endlessly on the fame of our horses. Let us mention TITANIC by Intendant (half-bred) : (pl. I), magnificient heavy-weight, bred by M. Francis Grivaud, sold in 1923, at Vichy-Show to H. M. the king of the Belgians, is considered in Brussels as the best horse of the Royal Stables.

To end the list let us mention without leaving Belgium, that a Charolais horse SUPERBE (Dacus, h. b.) (pl. I), belonging to Comte de Toulouse-Lautrec) won many prizes in Brussels (1927) among which the king's Cup.

Stallions. — The private stallions are

diversos concursos hípicos de Holanda. Venció a los grandes campeones de los Juegos Olímpicos de París (King of Hearts y Silver Piece). Hace muy poco QUELQU'UN, ex-vencedor en el Pin (pl. II) saltaba más de dos metros en el concurso de Bourges.

Italia ha importado algunos de nuestros caballos que se han vuelto allá brillantes saltadores. Citaré entre otros PORTO (un hijo de Harly, m. s.) (pl. VII) de la cría del Marqués de Croix, y URFÉ (hijo vibrante de Marsan, p. s.) (pl. VII) cuya potencia y soltura acaban de ser notadas en el último concurso de Ginebra en el que lo montaba magistralmente el Capitán Lequio. QUART D'HEURE (Foscarini, p. s.) (pl. V) ganó, en España, en 1924, el campeonato anual del caballo de armas.

En los concursos de 1926 y 1927, HERMIONE III (Merry-Teddy, p. s.) (pl. XII et XX) perteneciente al Sr. Em. Riant hizo la admiración de todos por su seguridad frente al obstáculo, y fué victoriosa en París, Vichy y Saumur.

No debo alargar indefinidamente esta lista con nuestras glorias hípicas. Para terminar, citemos a TITANIC, por Intendente, m. s., (pl. I) un soberbio animal de peso, procedente de la ganadería del Sr. Francis Grivaud, vendido en 1923 en el concurso de Vichy, a S. M. el Rey de los Belgas y que pasa, hoy, en Bruselas, por uno de los mejores caballos de montar de las caballerizas de la Corte.

Antes de cerrar esta lista, que estoy obligado a abreviar, y sin dejar a Bélgica, recordemos que un caballo charolés fué premiado varias veces, en 1927, en el concurso de Bruselas y obtuvo hasta la Copa del Rey. Se trata de SUPERBE, por Dacus, m. s. (pl. I) perteneciente al conde de Toulouse-Lautrec.

Crianza de reproductores. — En Charolais, la crianza de reproductores privada es insignificante ; el depósito de Cluny es el que suministra, salvo algunas raras excepciones, los reproductores de toda la

Nel 1925, è nei primi nei Concorsi in Olanda. Ha vinto i due Campioni dei « Jeux Olympiques » di Parigi (King of Hearts e Silver Piece).

QUELQU'UN, il vincitore del Pin (pl. II), nell' Agosto, saltò due metri al Concorso di Bourges.

Parecchi dei nostri cavalli importati in Italia sono divenuti brillanti saltatori. Citero PORTO (figlio d'Harly) (pl. VII) del Marchese de Croix e Urfe (figlio vivace di Marsan p. s.) (pl. VII) la di cui potenza e destrezza furono ammirate all'ultimo concorso di Ginevra dovè era maestrevolmente montato dal Capitano Lequio. QUART-D'HEURE (Foscarini, p. s.) nel 1924, vinse in Ispagna, il primo premio nel Concorso annuale dei cavalli da guerra. Nei Concorsi del 1926 e del 1927, HERMIONE III (Merry-Teddy, p. s.) (pl. XII e XX) di M. Em. Riant se fece ammirare da tutti per la sua sicurezza davanti agli ostacoli. Vittoriosa a Parigi, Vichy e Saumur.

Non potendo continuare l'elenco delle nostre glorie ippiche mi limitero a citare : TITANIC (Intendant, mezzo sangue) (pl. I) proveniente dall'allevamento di M. F. Grivaud e venduto nel 1923, a Vichy, a sua M. il rè del Belgio e che fu ritenuto a Bruxelles per il miglior cavallo da sella delle Scuderie reali, e SUPERBE (Dacus, m. s.) (pl. I) del Conte de Toulouse-Lautrec che ha avuto, nel 1927, al Concorso di Bruxelles, molti premi, fra i quali la Coppa del Re.

Stalloni. — Nello Charolais, sono pochi gli stalloni dei privati quasi tutti

werden wir darüber zu sprechen haben.

Hauptzuchtstätten. Fahrschulen. — In Saône-und-Loire liegt die Zucht fast ausschlieszlich in den Händen kleiner Züchter : es wäre daher zu lang, eine vollständige Liste der guten Züchter herzustellen, ohne irgend jemand zu vergeszen.

Selten sind die Besitzer, die selber ihre Pferde geltend machen. Nur der Marquis de Croix, in Genelard, und Herr François Juif, in Cluny führen selber ihre Produkte vor.

Die Fahrschulen werden von den Züchtem beansprucht : sie sollen die ausgezeichneten Tiere zureiten, in Prämiierurngen vorführen und dann verkaufen. Die Eigentümer solcher Schulen sind selber wichtige Züchter, auf deren Weiden zahlreiche Stuten leben. Diese Fahrschulen spielen eine sehr bedeutende Rolle bei der Geltendmachung der Pferde ; einige Seiten sind ihnen am Ende dieses Büchleins gewidmet.

Den Namen von Herrn Peter Chevalier (dem Onkel des Direktors der Fahrschule zu Charolles) will ich doch nicht · verschweigen ; er war ein Kenner, der als allererster die Pferde seiner Heimat in den Konkurrenzen geltend zu machen wuszte : seinem Andenken wird man in Charolles nie übertrieben dankbar sein. Sein Neffe setzt auf glänzende Weise sein Werk fort. Es sei auch Herr Baccaud erwähnt, der Vater der Besitzer der gegenwärtigen Fahrschule, die in der Gegend von Cercy-la-Tour soviele Dienste erwiesen hat.

Vollblutzucht. — Die Halbblutzucht behauptet bei weitem den ersten Rang in der Gegend. Jedoch können wir einige gute Züchter von Vollblutpferden nennen.

In Saône-et-Loire : Herrn Boyer, in Paray-le-Monial, (Gestüt in Varennes); Chevrier, in Corcelles bei Chalon-sur-Saône ; Marquis de Croix, in Genelard ; Freiherr d'Ideville, in Saint-Aubin-en-Charolais (Zuchtstätte in Pouju) ; Freiherr de Mengin, in La Comelle (Gestüt in Montpe-

few in Charolais. Most of them are supplied by Cluny Studs (see Chapter II).

Chief breeders. — **Breaking-in Schools.** — In Saône et Loire, there are so many small breeding-centres that it would be impossible to name all the good breeders.

There are very few who show their own horses : we know only Marquis de Croix at Génelard and M. François Juif at Cluny who do so. The others apply to breaking-in schools for breaking-in, showing and selling their best horses.

The trainers are generally breeders owning large meadows for their broodmares. The breaking-in schools play a great part in improving horses.

Those schools are so important that I shall devote a special paragraph to the subject. I must not omit the name of M. Pierre Chevalier (uncle of the present Head of Charolles School) a great connoisseur, he was the first to show the Charolais horse and his countrymen cannot be too grateful to him. His nephew carries on his work very efficiently. We must also name M. Baccaud, father of the present breeders who rendered great services at Cercy la Tour.

Thorough bred horses. — In Charolais the breeding of half-breds is much the more important but there are a few breeders of thorough breds.

Saône et Loire. — M. Boyer, at Paray le Monial (Varennes), M. Chevrier, at Corcelles, near Chalon sur Saône, Marquis de Croix, at Génelard, Baron d'Ideville, at Saint Aubin in Charolais (Pouju), Baron

REINE DE BLAN-
ZY (Vladivostock
p. s. et fille de
Moise ¹/₂ s.), née
chez M. Claude
Servy, à Blanzy
(S.-et-L.). Lauréa-
te Charolles, Vi-
chy, Paris, Sau-
mur.

Cliché S. U. I.

ROI D'YS (Jutland
¹/₂ s. et fille de
Favonio p. s.), né
chez M. Burtin, à
Saint-Bonnet - de -
Vieille-Vigne (S.-
et-L.). 1ᵉʳ Prix à
Charolles, Saumur.
Champion à Sau-
mur en 1926.
Acheté par M.
Martinez de Hoz.

Cliché S. U. I.

HERMIONE III (Merry-Teddy p. s. et fille de Dalmenèche ¹/₂ s.), née chez M. Emmanuel Riant, à Cosne-d'Allier (Allier). Lauréate Charolles, Paris, Vichy, Saumur.

Cliché S. U. I.

ASMODÉE (Ourson ¹/₂ s. et fille de Ralph ¹/₂ s.), née chez M. Antoine Cortet, à Châtillon - sur - Chalaronne (Ain). Lauréate Charolles, Vichy et Paris.

Cliché Jean Delton, Paris.

región. Volveremos sobre esta cuestión en el capítulo II.

Principales ganaderos. — Escuelas de doma. — En Saône-et-Loire, la crianza está, por lo general, en manos de pequeños ganaderos y sería demasiado largo — si no se quiere olvidar a nadie — hacer una lista completa de los buenos ganaderos.

Raros son los propietarios que hacen resaltar el valor de sus animales. Solos, el marqués de Croix, en Génelard y el Sr. François Juif, en Cluny, presentan ellos mismos sus caballos.

Los ganaderos recurren a las escuelas de doma para el adiestramiento, la presentación a concursos y la venta de sus animales selectos.

Los adiestradores son también importantes ganaderos, propietarios de praderas en las cuales tienen numerosas yeguas reproductoras. Estas escuelas de doma desempeñan un papel capital en la valoración de los caballos ; un párrafo especial les será consagrado al fin de este folleto.

Sin embargo, no quiero omitir el citar aquí el nombre del Sr. Pierre Chevalier (tío del director actual de la Escuela de Charolles) ; hábil aficionado, fué él el primero que hizo brillar en concurso los caballos de su país ; es un hombre para cuya memoria los Charoleses no tendrán nunca demasiada gratitud. Su sobrino sigue su obra con éxito. Citemos también el nombre del Sr. Baccaud, padre de los adiestradores actuales, quien prestó grandes servicios en la región de Cercy-la-Tour.

Cría del pura sangre. — La crianza del media sangre es la más importante en Charolais. Sin embargo, se pueden citar algunas buenas crías de pura sangre.

En Saône-et-Loire :

Los Srs. Boyer, en Paray-le-Monial acaballadero de Varennes) ; Chevrier, en Corcelles, cerca de Chalon-s.-Saône ; el marqués de Croix, en Génelard ; el barón

i cavalli riproduttori provengono dalle Razze del Governo a Cluny.

(Questa questione sara trattata piu tardi).

Allevatori. — Scuole. — Tutti i piccoli proprietari si dedicano all'allevamento dei cavalli e sarebbe impossibile parlare di ognuno di essi. Mi limito a citare : il Marchese de Croix a Génelard e M. François Juif di Cluny che presentano i loro prodotti nelle corse.

Gli allevatori ricorrono alle Scuole di allevamento per la presentazione nei Concorsi e la vendita dei cavalli migliori. I domatori sono anche allevatori e proprietari di prati nei quali pascolano numerose cavalle. Queste scuole sono utilissime per mettere in valore i nostri cavalli ; dedicheremo un capitolo a questo soggetto ma dobbiamo citare il nome di M. P. Chevalier (zio del direttore della Scuola di Charolles) conoscitore intelligente che fu primo a fare apprezzare nei Concorsi i cavalli del suo paese : la sua memoria deve essere cara agli Charolais. Suo nipote continua degnamente l'opera da lui intrapresa.

Citiamo anche il nome di M. Baccaud padre dei domatori attuali che ha reso grandi servizi nel paese di Cercy la Tour.

Allevamenti di puro sangue. — Gli allevamenti di mezzo sangue sono i piu numerosi ma possiamo anche citare alcuni allevatori di cavalli di puro sangue.

Nella « Saône-et-Loire ». — M. Boyer, a Paray le Monial (Razza di Varennes), M. Chevrier, a Corcelles, vicino a Chalon s / Saône, Marchese de Croix a Génelard

roux) ; Roux de Bézieux, in La Chassagne (Bragny-en-Charolais).

In Allier :

Herrn Berthommier, in Trezelle.

In Nièvre :

Graf de Saint-Phalle, in Huez.

Einige Vollbluthengste werden noch oder wurden in diesen Privatzuchtstätten gehalten.

LLAMMA (Besitzer, Marquis de Tracy, in Paray-le-Frésil ; kein Hengst mehr in diesem Gestüt seit dem Tode des Marquis de Tracy) ; BISHOPSCOURT (von Persimmon-Bendor ; Besitzer : Herr Boyer) ; HIGH-LIFE (von Elf-Ajax) und DIABLE AU CORPS (Besitzer : Herr Chevrier) ; GRAND D'ESPAGNE und BRABANT (von Marsan ; Besitzer, Graf de Saint-Phalle).

Mehrere berühmte Pferde wurden von diesen Zuchtstätten geliefert; u. a. CIVRAY (Züchter Herr Boyer) ; VIRULENT (gegenwärtig Beschäler in Cluny ; Züchter, Marquis de la Croix) und besonders MASTER-BOB (Züchter: Herr Roux de Bezieux).

Die Produkte des Gestütes zu Huez sind bekannt : sie trugen ja die Farben eines Königs.

Traberzucht. — Diese ehemals sehr blühende Zucht zählt jetzt noch einige Anhänger besonders in Cercy-la-Tours und um Paray-le-Monial. Die Hauptzuchtstätte ist die von Herrn Badiou, in Saint-Yan.

2⁰. Das Pferd von Forez.

Abstammung. — Ohne an die grauen Zeiten zu erinnern, wo d'Urfé in seinem Buch *L'Astrée* die Schönheiten der Produkte von Forez, der Wiege seiner Familie, besang, möchten wir doch feststellen, dasz nach den Chroniken, schon lange vor der Revolution, das Tal der Loire in der Pferdezucht eine bedeutende Rolle spielte. Im XVIII. Jahrhundert lieferte diese Gegend viele Gebrauchspferde für die

de Mengin, at La Cornelle (Montperoux), Roux de Bézieux, at La Chassagne (Bragny en Charolais).

Allier. — M. Berthommier, at Trézelle.

Nièvre. — Comte de Saint-Phalle, at Huez.

The following are some of the stallions at private studs : LLAMA, belonging to Marquis de Tracy, at Paray le Frésil, BISHOPSCOURT (Persimmon and Bend'Or) belonging to M. Boyer and HIGH LIFE (Elf and Ajax) to M. Chevrier, GRAND D'ESPAGNE and BRABANT (Marsan) belonging to Comte de Saint-Phalle.

Several famous horses were bred in those private studs : CIVRAY by M. Boyer, VIRULENT (now stallion at Cluny) at marquis de Croix's and above all the famous MASTER BOB bred by M. Roux de Bézieux. As for Huez stud its horses are well-known and have worn royal colours.

Trotters. — Formerly very successful this type of breeding has still a few supporters round Cercy la Tour (Nivernais) and Paray-le-Monial. The chief being M. Badiou at Saint Yan.

2⁰. Forez horse.

Origin. — Without going as far back as the time when Honoré d'Urfé sang in l'*Astrée*, Forez, his birth place, famed for its beautiful horses, we can see, in the chronicles, that a long time before the Revolution, it was an important horse breeding country.

In the XVIIIth century numerous horses were sent to Switzerland and Au-

d'Ideville, en Saint-Aubin-en-Charolais (cría de Bouju) ; el barón de Mengin, en La Comelle (acaballadero de Montperoux) ; Roux de Bézieux, en La Chassagne (Bragny-en-Charolais).

En el Allier :

El Sr. Berthommier, en Trezelle.

En la Nièvre :

El Conde de Saint-Phalle, en Huez.

Algunos reproductores de pura sangre particulares, hacen o han hecho la reproducción en esos criaderos. Citemos : LLAMA, del marques de Tracy, en Paray-le-Frésil (crianza disuelta despues la muerte del marqués de Tracy), BISHOPSCOURT (Persimmon y Bendor) del Sr. Boyer, HIGH-LIFE (Elf y Ajax) y DIABLE-AU-CORPS, del Sr. Chevrier, GRAND D'ESPAGNE y BRABAN (Marsan) del Conde de Saint-Phalle.

Algunos caballos célebres han salido de esas crías, entre los cuales : CIVRAY, del Sr. Boyer ; VIRULENT (hoy reproductor en Cluny), del marqués de Croix y, sobre todo, el famoso MASTER-BOB, del Sr. Roux de Bézieux. En cuanto al depósito de Huez, sus productos son conocidos y han llevado los colores reales.

Cria de trotadores. — Muy floreciente en otros tiempos, esta cría cuenta aún algunos adeptos, principalmente en Cercy-la-Tour (Nivernais) y en la región de Paray-le-Monial. La principal crianza de trote es la del Sr. Badiou, en Saint-Yan.

2º. Caballo del Forez.

Origen. — Sin remontar a las épocas lejanas en que Urfé cantaba en la *Astréa* las bellezas de la producción del Forez, cuna de su familia, se ve, en las crónicas, que mucho antes de la revolución, el Loira era un importante país de producción caballar. En el diecicho siglo esta región suministraba numerosos caballos de trabajo a Suiza y a Auvernia ; cada año, la remonta del ejército encontraba

Barone d'Ideville, a Saint Aubin en Charolais, Barone de Mengin alla Comelle (Montperoux), M. Roux de Bézieux alla Chassagne (Bragny en Charolais).

Nell'Allier. — M. Berthommier, a Trezelle.

Nella Nièvre. — Il Conte de Saint Phalle, a Huez. Parecchi stalloni di puro sangue hanno fatto e fanno la monta in queste Razze : LLAMA del Marchese de Tracy, BISHOPSCOURT (Persimmon e Bendor) di M. Boyer, HIGH LIFE (Elf e Ajax) di M. Chevrier, GRAND-D'ESPAGNE e BRABANT (Marsan) al Conte de Saint Phalle.

Tra i celebri cavalli usciti di queste Razze citiamo CIVRAY di M. Boyer, VIRULENT (oggi stallone a Cluny) del Marchese de Croix e sopratutto il famoso MASTER BOB a M. Roux de Bézieux. I prodotti della razza de Huez sono conosciuti e hanno portato dei « colori » reali.

Allevamenti di Trottatori. — Prima, prosperissimo, quest'allevamento conta ancora pochi appasionati nella regione di Cercy la Tour e in quella di Paray le Monial. Il principale è M. Badiou a Saint Yan.

2º. Cavallo del Forez.

Fin dal tempo che Urfé cantava nell' Astrée la bellezza dei prodotti del Forez, luogo d'origine della sua famiglia, si legge, nella storia, che, molto prima della Rivoluzione, la Loira era un importante paese per la produzione dei cavalli. — Nel secolo XVIII, questa regione forniva numerosi cavalli da servizio alla Svizzera e l'Alvergna ; ogni anno, la Rimonta degli

Schweiz und die Auvergne : die Heeresremonte fand da jedes Jahr ungefähr 300
Sattelpferde für die Dragoner und die
leichte Kavallerie ; und die Gegend stillte
noch dazu die Bedürfnisse ihrer Bevöl-
kerung, die bei der Arberit ausdauernde
und tüchtige Tiere benutzte.

Diese Gegend hing von dem Königlichen Inspektor der Gestüte der Provinz
von Lyon ab, welcher da 15 Vollbluthengste hielt. Als Stuten wurden die Ge-
brauchsstuten der Bauernhöfe benutzt,
da man an Weideflächen mangelte. Man
hatte doch eine sehr gute Auslese zu liefern : diese blühende Zucht vernichtete
aber am Ende des XVIII. Jahrhunderts der
Sturm der Revolution.

1812 versucht man, die Zucht wieder
in die Höhe zu bringen ; bis 1857 ver-
fährt man mit einer gewissen Unsiche-
rheit: ungenügende Hengste in einer Ebene,
wo nur ein mageres Gras wächst, und
keine Weidefläche zu finden ist.

1857 blüht die Zucht wieder auf ; denn
man macht sich zu dieser Zeit daran, die
Ebene von Forez durch Kanäle zu bewäs-
sern, die die Gewässer der Loire und
ihrer Nebenflüsse bekommen.

Diese wichtige Verbesserungsarbeit
wurde von den Ahnen der gegenwärtigen
Züchter (Herrn de Vazelhes, Balaÿ, de
Poncins) befördert und beschenkt. Dieses
groszartige Werk erlaubte es, die Ebene
von Forez in eine an Weideflächen reiche
Gegend umzugestalten : diese Weideflächen erstrecken sich besonders auf dem
linken Ufer der Loire bis Grézieux, Boën
und Poncins. Was die Zucht betrifft,
stehen nun die Gegend von Forez und die
von Charolles auf dem selben Fusz.

Die Gebrauchsstute des XVIII. Jahrhunderts wird eine stets bessere Halbblut-
stuterei liefern.

Gegenwärtige Lage der Zucht. — Den
vereinigten Bemühungen der Züchter und
der Gestüteverwaltung verdankte es diese

vergne ; every year, the Army Remount
purchased about three hundred saddle
horses, not to mention the important
requirements of the natives who used
those " very hard-working nags ". This
district was superintended by the Royal
Inspector of Studs for the province of
Lyonnais, who kept fifteen thorough bred
stallions there. As there was so little graz-
ing, brood-mares were worked by the
farmers. A process of selection however,
had been already going on and it was a
prosperous breeding-business which the
Revolution destroyed.

In 1812, it was re-started but until 1857
very little progress was made : the stallions were very ordinary, Forez was only
a barren flat country without any pasture.

The year 1857 was the beginning of
the prosperous time of horse breeding :
they studied means of irrigating the
Forez plain, bringing the water of the
Loire and its tributaries, by means of
canals.

This great work of improvement was
promoted and provided for by MM. de
Vazelhes, Balaÿ, de Poncins, fathers of the
present breeders ; it has made of Forez a
grazing-land which extends on the left
bank of the Loire to Grézieux, Boen and
Poncins. The making of meadows has
put Forez on a level with Charollais as
far as horse breeding is concerned. After
the XVIIIth century, the progeny of the
strong farm horses methodically improved,
has become half-breds.

Actual situation. — Thanks to the
united efforts of Breeders and Studs-
Administration, Forez is now a most important centre for half-breds.

Forez is the vast plain crossed from

en ella unos trescientos caballos de silla (dragones y caballería ligera), todo esto sin hablar de los importantes pedidos de los indígenas quienes utilizaban « jacas muy duras al trabajo ».

Dicha región del Forez dependía del Inspector real de los acaballaderos de la provincia del Lyonnais, que mantenía en ésta quince caballos reproductores de pura sangre. Las yeguas reproductoras, por falta de praderas, eran yeguas de servicio en las quintas. Sin embargo, había una muy bella selección y era una crianza floreciente la que, a fines del siglo dieciocho fué anonadada por la tormenta revolucionaria.

En 1812, se da principio a las primeras tentativas en vista de remontar esta cría. Hasta en 1857 se tantea ; la crianza del reproductor es mediana y el Forez no es sino una llanura de tierras estériles donde no se encuentra ninguna pradera.

Esta fecha de 1857 es el principio de la época de la prosperidad de la crianza ; es la época en la que empieza el estudio de la irrigación de la llanura foréziana con el establecimiento de canales que utilizan las aguas del Loira y de sus afluentes.

Aquella obra de gran mejoramiento tuvo como promotores y donadores a los padres de los grandes ganaderos actuales (los Srs. de Vazelhes), Balay, de Poncins. Este trabajo de gran extensión permitió transformar la llanura del Forez en región de pastos y extenderlos principalmente a la orilla izquierda del Loire hasta Grézieux, Boen y Poncins. Dicha creación de llanuras ha de colocar, en materia de ganadería al Forez a la la misma altura que el Charolais.

De la jaca de trabajo enérgica que hemos visto en el decimoctavo siglo, saldrá una yaguada de media sangre que irá progresivamente mejorándose.

Situación actual de la cría. — Gracias a los esfuerzos combinados de los ganaderos y de la administración de los depó-

eserciti trovava colà trecento cavalli da sella e dobbiamo tener conto che molti prodotti venivano adoprati degli abitanti di quella regione per il lavoro.

Il Forez dipendeva dell'Ispettore reale delle Razze della provincia di Lione che vi manteneva quindici stalloni di puro sangue. Le cavalle madri, per mancanza di prati, erano tenute per servizio nei poderi. Il numero delle madri permise di fare un ottima scelta dei prodotti e si ebbe per ciò un allevamento florido che la Rivoluzione distrusse alla fine del diciottesimo secolo.

Nel 1812, cominciarono i primi tentativi per rifornire cavalli a questa regione ma fin al 1857 si esitava, gli stalloni erano mediocri e il Forez era una pianura arida dove non esistavano praterie.

Nel 1857 cominciò il periodo della prosperità dell' allevamento dei cavalli — si cominciò a studiare l'irrigazione della pianura del Forez mediante canali utilizzando le acque della Loira e dei suoi affluenti.

Promotori e benefattori di quest'opera di grande miglioramento furono MM. de Vazelhes, Balay, de Poncins, padri degli allevatori attuali. Questi lavori importanti hanno permesso di fare del Forez una regione di pascoli e di prolungarli principalmente sulla riva sinistra della Loira fin a Grézieux, Boen e Poncins.

La creazione di questi pascoli mise gli allevamenti del Forez a confronto con quelli del Charolais.

Dall'energica ronzina di servizio che abbiamo visto nel secolo XVIII, si è ottenuto oggi un cavallo di sangue.

Situazione presente dell'allevamento. — Gli sforzi degli allevatori e dell' Ammistrazione della razze hanno fatto

Gegend, ein wichtiges Zuchtgebiet für Halbblutpferde geworden zu sein : sie ist eine weite Ebene, die die Loire von St-Just-sur-Loire bis Balbigny durchfliaszt, und die der Lignon und die Mare, die Neben-flüsze des linken Ufers der Saône, bewäs-sern ; die Hügel von Forez begrenzen sie am Westen, die von Lyon am Osten. Die Hauptzuchstätten sind Montbrison, Feurs und Montrond.

Typus des Pferdes von Forez. — Dieses Pferd ist fast von selbem Typus, als das von Charolles. Auf einem nicht so reichen, erst vor ungefähr 60 Jahren verbesserten Boden gezüchtet, stammt es von einer ausgezeichneten Gebrauchsstute ab, deren Gebäude aber nicht so stark war, als das der Stuten in Morvan. Daher ist seine Hanke nicht so stark, seine Bauchmus-kulatur nicht so herausspringend. Es ist jedoch ein sehr nerviges Sattelpferd von schneidigem Gang.

Alte und oft wiederholte Blutvermis-chungen haben ihm vielen Schlag gege-ben. Die Armut des Bodens verbot unauf-hörliche Kreuzung des selben Blutes : die Züchter haben es gewuszt, den erforder-lichen Grad dabei zu bewahren; die Gegend kann also gegenwärtig ausgezeichnete Mittelgewichte neben einigen herrlichen Schwergewichten liefern.

Erfolge in Konkurrenzen und Rennen. — Dieses Pferd ist ein gestähltes Tier von erster Qualität : zahbreich sind also seine Erfolge in öffentlichen Prüfungen, wo es seinen Brüdern von Charolles voranging. Der Stall von Rovira fand bei seinem An-fang den Hauptteil seiner Springer in dem Departement der Loire : der allererste war GERFAUT (von Bonnier). Fast zur selben Zeit bewunderte man das Rennen von PILE-OU-FACE (Besitzer: Herr Pierre de Va-zelhes) und von MUSTAPHA (Besitzer: Herr Henri Leclerc ; Züchter : Graf de Pon-cins).

South to North by the Loire, from Saint Just to Balbigny ; watered by the Lignon and the Mare, tributaries of the Loire, bordered by the Forez hills on the Western side, and the Lyonnais hills on the East. The principal breeding-centres being Montbrison, Feurs and Montrond.

Type of the Forez horse. — He is nearly the same as the Charolais, but bred on a less rich soil which has only been im-proved during the last 60 years ; his an-cestor was an excellent cart-horse with a less important frame however than the Morvandelle mare — nor is he now so broad-haunched, so well ribbed as the Charolais horse, but he is a fine animal, a good saddle horse, full of go and spirit.

Much improvement has been made through constant cross-breeding, but the soil is not rich enough to continue inde-finitely.

Breeders have worked very prudently and Forez now produces very handsome " heavy-weight " as well as excellent " middle-weight ".

Prizes at Shows and Races. — The Forez horse is a fine goer with a good dis-position ; he was successful, even before his Charolais brother.

At the beginning, Rovira stables obtain-ed most of their jumpers from Forez. GERFAUT was the first. About the same time PILE OU FACE, belonging to M. Pierre de Vazelhes and MUSTAPHA to M. Henri Leclerc (born at Vicomte de Poncins's) were doing admirable cross-country runs.

The only half-bred (by half-bred and out of a half-bred mare) which has won a First prize in the competition for Army horses was a Loire horse. FURET by Ré-mus (Iambe).

In tournaments, brilliant winners were

sitos de sementales, el Forez es actualmente el centro de una importante producción de media sangre. Es una vasta llanura, atravesada de sur a norte por el Loira de Saint-Just-sur-Loire hasta Balbigny, bañada por el Lignon y el Mare, afluentes de la izquierda del Loira y limitada, al oeste, por los montes del Forez y, al este, por los montes del Lyonnais. Los centros más importantes son Montbrison, Feurs y Montrond.

Tipo del caballo del Forez. — El caballo del Forez es de al tipo análogo del Charolais. Criado en un suelo menos rico, cuyo mejoramiento no data sino de unos sesenta años, tiene, como origen, una excelente jaca de trabajo pero cuyo esqueleto estaba lejos de tener la importancia de la yegua morvandesa, Por eso, no posee el anca tan fuerte y la cinchera tan marcada como las del charolés. Pero es un animal muy fácil de montar y de andar muy vivo.

Infusiones de sangre antiguas y repetidas le han comunicado mucha distinción. Pero el suelo no era bastante rico para cruzar indefiniamente sangre con sangre. Los ganaderos han sabido dosificar sus cruzamientos y el Forez produce actualmente, al lado de excelentes « pesos medios » algunos muy bellos caballos « pesados ».

Éxitos en concursos y en carreras. — El caballo foréziano es un animal de mucho temple y calidad ; numerosos han sido sus éxitos en pruebas públicas, donde precedió aun a sus hermanos charoleess.

En sus principios, la caballeriza de Rovira encontró en el Loira la mayoría de sus saltadores ; el primero fué GERFAUT (Bonnier). Casi por la misma época se pudieron admirar los recorridos de PILE-OU-FACE, del Sr. Pierre de Vazelhes y de MUSTAPHA, del Sr. Henri Leclerc (nacido en el acaballaderos del vizconde de Poncins).

El único media sangre (por media

del Forez un centro importante di produzione di cavalli di sangue.

Il Forez è la vasta pianura, traversata dal Sud al Nord dalla Loira, da Saint Just a Balbigny, bagnata dal Lignon e la Mare affluenti della riva sinistra della Loira, dominata dai Monti del Forez a ponente e dai Monti del Lyonnais ad Oriente. I principali centri sono Montbrison, Feurs e Montrond.

Tipo del cavallo del Forez. — Il tipo del cavallo del Forez è analogo a quello del Charolais.

Allevato su un terreno meno fertile, il miglioramento del quale risale a soli sessant'anni fa, questo cavallo proviene dalla ronzina di servizio la cui ossatura non era pesante come quella della cavalla « Morvandelle » ; in consequenza non ha l'anca cosi forte e la sellatura cosi marcata come lo Charolais. Ma è un animale puro, tipo da sella, dall'andatura energica.

Promiscuità di sangui spesso hanno migliorato la razza, ma le praterie non essendo abbastanza fertili non hanno pernesso agli allevatori d'incrociare molte razze. Ora ci sono cavalli di peso medio e bellissimi pesi massimi.

Successi in Concorsi e Corse. — Il cavallo vigoroso e puro del Forez si è distinto, prima del suo fratello Charolais, nelle Corse, ottenendo dei premi importanti.

Al principio, le Scuderie di Rovira hanno trovato quasi tutti i loro saltatori nella Loira. Il primo fu GERFAUT (Bonnier). Nello stesso tempo si distinguevano nelle Corse : PILE OU FACE di M. P. de Vazelhes e MUSTAPHA di M. Henri Leclerc (nato dal Visconte de Poncins).

Il solo mezzo sangue che abbia ottenuto

Das einzige Halbblutpferd (von Halbblut, durch Halbblut), das in dem Turnier für Kriegspferde siegte, kam aus dieser Gegend her : FURET (von Remus, durch Iambe).

In den Konkurrenzen hat diese Gegend viele preisgekrönte Tiere geliefert : vor dem Krieg K. O (von Remus, Halbblut, Sieger in Paris Vichy, Saumur), das aufgeboten wurde und den Krieg hindurch unter einem Kürassierotfizier diente.

Seit 1919 haben einige Pferde auf eine glänzende Weise die Farben dieser Gegend in Prämiierungen und Querfeldeinrennen getragen. MEDINE (Vollblut, von Marsan ; Sieger in Vichy und Saumur) war wegen ihres harmonischen Gebäudes sehr berühmt.

GAMIN, ehmals Serpollet (Vollblut, von Mosque (Pl. XIV) ; Züchter, Herr Balaÿ ; Besitzer : Rittmeister Labouchère, vom niederländischen Heere ; zweimal Sieger in Berlin, besonders in der Kraftprüfung) siegte in New-York in dem Turnier für Kriegspferde und erhielt den Becher ; in den Niederlanden bekam es mehr als zwanzig erste Preise. VIOLON III (von Bonnier ; Züchter Herr Balaÿ ; Fahrschule : Herr Soucachet) war ein guter Performer in Halbblutrennen.

Erwähnen müszen wir auch die ganze Reihe der Produkte von MOSQUE, die, trotz ihres manchmal unausgeglichenen Gebäudes, 1924, 1925, 1926 stets wegen ihrer gleichen Qualität und Macht bewundert wurden. Viele kamen aus der Fahrschule von Herrn Guy Olivier. XERMINETTE (von Mosque) war unter dem Leutnant Brousset 1926, Siegerin in der Eignungsprüfung für Jagdpferde in Saumur.

Drei der besten Sieger von dieser Gegend sind VIERGE FOLLE (Vollblut, von Mosque ; Siegerin in der Military) ; URUGUAY (Vollblut, von Rivoli III ; Züchter, Graf de Poncins ; zahllose Siege in Steeplechases für Halbblutpferde in Auteuil und Vincennes unter dem Grafen de Villeneuve) ; UMBRON (Vollblut, von Mosque ;

supplied by Forez : before the war there was K.O. by Rémus (half bred), winner at Paris, Vichy, Saumur, and who, during the war, was ridden by Cuirassiers officers.

Since 1919, some horses have carried the Loire colours gloriously in Tournaments as well as in Cross country runs. The most famous was the well-proportioned MÉDINE (Marsan, th. b.) winner at Vichy and Saumur.

GAMIN ex SERPOLET (Mosque, th. b.) (pl. XIV), bred at M. Balaÿ's, bought by Captain Labouchère of the Dutch Army, has been twice first in the International Competitions in Berlin, champion in New-York, in the International Competition of war horses — and won more than twenty first prizes in Holland.

VIOLON III (Bonnier) bred at M. Balaÿ's and trained by M. Soucachet, has been a good racer.

Generations of Mosque's progeny (not always sufficiently harmonious in their proportions but all of them spirited and powerful) have been famous in the 1924, 1926, 1926 horse-shows. Many were shown off by M. Guy Olivier.

XERMINETTE, a daughter of Mosque ridden by Lieutenant Brousset, in 1926, was first in the Hunters Competition at Saumur.

Three of the best winners bred in Loire are VIERGE-FOLLE (Mosque, th. b.) a great victor in Military Competitions and URUGUAY II (Rivoli III, th. b.) bred at Vicomte de Poncin's whose victories in steeple-chases are numberless. He was ridden by Comte de Villeneuve.

Ridden by the same, UMBRON (Mosque, th. b.) bred at M. Balaÿ's recently won many hurdle-races, particularly at Dieppe, winning more than 70.000.

LE BON FRIDO-
LIN (Quibler $^1/_2$ s.
et fille de Libre-
Echange $^1/_2$ s.),
né chez MM.
Roux de Bézieux
et Touillon, à
Bragny-en-Charo-
lais (S. - et - L.).
Lauréat à Paris,
Charolles, Vichy,
Saumur et le Tou-
quet. Prix d'hon-
neur à Vichy, 1927.

VÉNUS VIII (Bon-
nier $^1/_2$ s. et fille
de Saint - Cane p.
s.), née chez M.
Roux, à Mornand
(Loire). Lauréate
Paris, Vichy, Cha-
rolles, Saumur et
Bourges.

Cliché S. U. I.

MARCROIX, ex-Ténor II (Marsan p. s. et fille d'Incroyable p. s.), né chez M. Jacques Chèze, à Palinges (S.-et-L.). Gagnant de nombreux prix en France et en Hollande, monté par le Capitaine Labouchère (1926) (Voir Planche III).

Cliché Leeflang, La Haye.

GAMIN, ex-Serpollet (Mosque p. s. et fille de Malpeste $1/2$ s.), né chez M. Balaÿ, à Sourcieux (Loire). Vendu par le Marquis de Croix au Capitaine Labouchère (Pays-Bas). Gagnant de plus de 20 premiers prix dont deux coupes et deux Championnats à Berlin et à New-York.

Cliché Menzendorf. Berlin.

sangre y media sangre) que haya ganado el campeonato del caballo de armas fué un caballo del Loira, FURET, por Remis (Iambe).

En concursos, fueron suministrados brillantes laureados por el Forez ; antes de la guerra vemos el famosa K. O. por Remus, media sangre, laureado en París, Vichy y Saumur que, después de haber sido reclutado, acabó la campaña como cabalgadura de oficial de coraceros.

Desde 1919, algunos caballos han llevado brillantemente los colores del Loira, tanto en concursos como en carreras. El más célebre fué la armoniosa MEDINE (Marsan, .D. s.) campeón en Vichy y en Saumur.

GAMIN, ex-Serpolet (Mosque, p. s.) (pl. XIV) de la cría del Sr. Balay, comprado por el capitán Labouchère, del ejército holandés, conquistó dos copas en Berlín (siendo una el campeonato de potencia) ; dicho caballo ganó también el campeonato del caballo de armas y la copa en Nueva-York. Consiguió, en Holanda, más de veinte primeros premios. VIOLON III (Bonnier), nacido en el criadero del Sr. Balay y presentado por el Sr. Soucachet, fué un buen caballo de carreras de media sangre.

Citemos también toda la serie de los productos de MOSQUE, a veces un poco irregulares de forma, pero todos uniformemente buenos y potentes que se hicieron aplaudir en los concursos, en 1924, 1925 y 1926. Muchos fueron valorizados por el Sr. Guy Olivier. Una hija de Mosque, XERMINETTE, montada por el teniente Brousset, ganó en Saumur, en 1926, el campeonato del caballo de caza.

Dos de los mejores vencedores, nacidos en el Loire son : VIERGE-FOLLE (Mosque, p. s.), gran vencedor militar y URUGUAY II (Rivoli III, p. s.) nacido en la cría del vizconde de Poncins y cuyas victorias en steeple de media sangre, tanto en Vincennes como en Auteuil, no se cuentan ya. Montábalo el conde de Villeneuve.

Con el mismo ginete, UMBRON (Mosque,

un primo premio nel « Championnat du Cheval d'Armes » fu un cavallo della Loira : FURET figlio di Rémus (Iambe).

I famosi premiati del Forez, prima della guerra furono K.O. (Rémus) primo premio a Parigi, Vichy e Saumur che fu montato durante la guerra, da un ufficiale dei corazzieri.

Fin dal 1919 parecchi cavalli hanno portato gloriosamente i colori della Loira nei Concorsi e nelle Corse di « Cross » : il piu famoso fu l'armoniosa Médine (Marsan, p. s.) primo premio a Vichy e Saumur. GAMIN ex SERPOLET (Mosque, p. s.) (pl. XIV) dall'allevamento die M. Balaÿ, comprato dal Capitano Labouchère dell'esercito olandese che fu, due volte, primo nei Concorsi internazionali di Berlino e campione a New York nel Concorso internazionale del Cavallo da Guerra — e ebbe piu di venti primi premi in Olanda.

VIOLON III (Bonnier) nato da M. Balaÿ e presentato da M. Soucachet è stato un ottimo « performer » nelle Corse di puri sangue.

Citiamo ancora tutti i prodotti del Mosque (talvolta non abbastanza armoniosi nelle loro forme ma sempre tanto potenti e pieni di belle doti) che abbiamo potuto ammirare nei Concorsi degli anni 1924, 1925, 1926. Molti furono presentati da M. Guy Olivier e una figlia di Mosque : XERMINETTE montata dal tenente Brousset fu premiata nel 1926 a Saumur nel Concorso del Cavallo da caccia.

I tre migliori campioni nati nella Loira sono VIERGE FOLLE (Mosque, p. s.) grande vincitrice in gare militari, URUGUAY II (Rivoli III, p. s.) nato nella Scuderia del Visconte de Poncins e le cui vittorie

Züchter : Herr Balaÿ ; Sieger in Zahbrei-
chen Steeplechases, besonders in Dieppe,
wo es 70.000 Fc. unterm grafen de Villeneuve einbrachte).

Hengsthaltung. — Die Eigenhengsthaltung ist hier mehr entwickelt als um
Charolles.

In der Mitte des letzten Jahrhundertes
war die Zahl der Beschäler in den staatlichen Gestüten ungenügend ; die Zucht
machte so eine Krise durch. Zu dieser
Zeit wurde das System der vom Departement und vom Staat subventionierten
Eigenhengsthaltung gegründet. Herr Ory
und der Marquis de Poncins haben ver-
dienstvoll das Aufblühen der Hengsthaltung, und der Zucht überhaupt, in Forez
befördert. Ihr Werk wurde von Herrn
Ory, dem Sohn, in Feurs, Graf de Poncins,
in Saint-Cyr-les-Vignes, Garnier, in Craintilleux ; Freiherr de Vazelhes, in Grézieux ; Balaÿ, in Sourcieux ; Faurand,
in Saint-André-le-Puy, fortgesetzt.

Die Eigenhengsthaltung mimmt jetzt
ab : das Landesgestüt von Cluny verschaft
den Hauptteil der Beschäler (Siehe Kap.
II).

Zuchtstätten. — Fahrschulen. — In Forez wie um Charolles wird die Zucht im
kleinen getrieben. Es gibt keine Fahrschule ; der Züchter bietet selbst seine un-
dressierten Produkte den Kunden, besonders der Heeresremonte, feil. Die Fahrschulen von Charolles reiten die Tiere für
die Prämiierungen und die Querfeldeinrennen zu. Es müssen jedoch in aller
Gerechtigkeit einige wichtige Züchter
genannt werden : Herrn Freiherr de Vazelhes, in Grézieux-le-Fromental ; Francisque Balaÿ in Sourcieux ; Graf de Poncins, in Saint-Cyr-les-Vignes.

Herr Balay macht selber seine Pferde
geltend, und hat viele Erfolge besonders
mit den Produkten seines Vollbluthengstes,
Mosque. Der Freiherr de Vazelhes besitzt
eine reiche Stuterei. Wir grüszen ihn hocha-

Stallions. — There are more private
Studs in Loire than in Charolais.

In the middle of last century, the number of Government stallions, was insufficient, thus a crisis in horse-breeding
arose, so that the principle of private
studs subsidized by Government and the
District was admitted.

Forez is indebted to M. Ory's father
and to the Marquis de Poncins for the
revival of stallion-breeding and conse-
quently for the prosperity of horse breeding in this district. Their work has been
carried on up to now, by MM. Ory son at
Feurs, Vicomte de Poncins at Saint Cyr
les Vignes, Garnier at Craintilleux, Baron
de Vazelhes at Grézieux, Balaÿ àt Sourcieux, Faurand at Saint André le Puy.

Nowadays, horses, from private studs,
are less numerous and Cluny supplies
most of the stallions. (See Chapter II.)

Chief breeders. — **Schools.** — Forez,
like Charollais, is a country where there
are a great many breeding centres but
none of much importance.

There are no breaking-in schools. Each
breeder trains his own horses, especially
for the Remount Dept. Horses to be trained for competition or for Steeple-Chas-
ing are sent to Charolais schools. Let us
name, that is quite just, the following
important breeders :

Baron de Vazelhes, at Grézieux le Fromental, Francisque Balaÿ at Sourcieux,
Vicomte de Poncins at Saint Cyr les Vignes.
M. Balaÿ shows his horses himself and he
is very successful especially with the colts
of his thorough bred stallion Mosque.

Baron de Vazelhes owns one of the oldest
established studs for half-breds — he is
the best known breeder of colts bought by
the Remount Dept.

p. s.), nacido en la cria del Sr. Balay, fue recientemente vencedor de numerosos steeples, particularmente en Dieppe, ganando, por lo menos 70.000 francos.

Crianza de reproductores. — La crianza de reproductores, particulares, ha sido mucho más desarrollada en el Loira que en el Charolais.

En medio del último siglo, el nombre de los caballos reproductores mantenidos por el Estado, era insuficiente. Resultaba na verdadera crisis de la cría. Fué en esta época cuando se admitió el principio de los caballos reproductores privados subvencionados por el departamento y por el Estado. Fué al Sr. Ory padre y al marqués de Poncins a quienes se debe el mérito del renacimiento de la crianza de reproductores y, como consecuencia, de la cría en el Forez.

La obra fué seguida hasta hoy por los Srs. Ory hijo en Feurs ; el vizconde de Poncins, en Saint-Cyr-les-Vignes ; Garnier, en Craintilleux ; el barón de Vazelhes, en Grézieux ; Balay, en Sourcieux ; Faurand, en Saint-André-le-Puy.

Los caballos reproductores privados son, actualmente menos numerosos y es el depósito de Cluny el que suministra una gran parte de los reproductores (capítulo II).

Principales ganaderos. — **Escuelas de doma.** — Es el Forez como el Charolais, un país de pequeña ganadería. No hay escuelas de doma ; para la venta de los animales no adiestrados cada ganadero presenta él mismo sus sujetos (principalmente a la remonta). Son las escuelas del Charolais las que valorizan los animales de concurso y de cross. Es menester, sin embargo, citar (y no es sino justicia) los nombres de algunos ganaderos particularmente importantes.

Éstos son :

Los Srs. barón de Vazelhes, en Grézieux-le-Fromental ; Francisco Balay, en Sourcieux ; el vizconde de Poncins, en Saint-Cyr-les-Vignes.

negli « steeple » a Vincennes ed Auteuil sono innumerevoli. Era montato dal Conte de Villeneuve, come UMBRON (Mosque p. s.), nato da M. Balaÿ, che ha vinto numerosi « steeple », specialmente a Dieppe, guadagnando piu di 70.000 fr.

Stalloni. — L'industria dello stallone privato è più sviluppata nella Loira che nel Charolais. Alla metà dell'ultimo secolo, il numero degli stalloni mantenuti dal Governo era insufficiente e da ciò risultava una crisi nell'allevamento. Da quell' epoca fu ammesso il principio degli stalloni privati sussidiati dallo Stato.

L'aumento dell'allevamento degli stalloni e come conseguenza dei cavalli nel Forez si deve a M. Ory padre e al Marchese de Poncins. La loro opera fu continuata fino ad oggi da M. Ory figlio a Feurs, Visconte de Poncins a Saint Cyr les Vignes, Garnier a Craintilleux, Baron de Vazelhes a Grézieux, Balaÿ a Sourcieux, Faurand a Saint André le Puy.

Meno numerosi sono presentemente gli stalloni privati ; li fornisce quasi completamente la razza di Cluny (v. Capitolo II).

Principali allevatori. — **Scuole di allevamento.** — Nel Forez, come nel Charolais, vi sono molti piccoli allevatori ma vi mancano le scuole di allevamento e per poter vendere i cavalli non ancora domati ogni allevatore presenta i suoi puledri (principalmente alla Rimonta).

Le scuole del Charolais mettono in valore i cavalli per i concorsi e « Cross ». Sono degni di lode gli allevatori :

Barone de Vazelhes a Grézieux le Fromental, Francisque Balaÿ a Sourcieux

chtungsvoll als einen der Dekane der Halbblutzüchterund den wichtigsten Lieferanten der Heeresremonte.

Vollblutzucht. — Die Vollblutzüchter sind selten in Forez : allein Herrn Balaÿ und de Vazelhes züchten einige Vollblutpferde.

Es gab früher in der Gegend der Loire einige gute Vollblutzuchtstätten. Wir erwähnen besonders Herrn Bouvreleur, den Züchter von VIOLON II ; Louis de Romanet, den Züchter aller Pferde, deren Laufbahnen er später ausbeuten sollte ; Barcon, in Le Coteau, bei Roanne.

Traberzucht. — Die Gegend von Feurs widmet sich noch ein wenig der Zucht von Trabern. Herr Faurand hat eine solche Zuchstätte und Fahrschule in Saint-André-le-Puy ; er besitzt einen sehr guten Traberbeschäler, URUGUAY.

3°. Das Pferd von Berry.

Allgemeiner Rückblick. — Diese Rasse hat eine sehr alte und vermischte Abstammung.

Die Westgoten drangen in Berry ein ; bis zur Schlacht bei Poitiers durchritten die Araber diese Provinz. Germanen und Araber haben also Stuten zurückgelaszen, deren Kreuzung mit orientalischen Hengsten heute noch sichtbar ist.

Unter Philipp-August besetzte Heinrich II. diese Gegend, die zwei Jahre lang (1187-1189) der Schauplatz unaufhörlicher Kämpfe bleibt. Natürlich liesz das englische Heer einige Stuten zurück.

Im xv. Jahrhundert genieszt diese Provinz, als Erbteil der Kinder der französischen königlichen Familie, ein auf die Verwüstungen des hundertjährigen Krieges folgendes Aufblühen. Dann kommt die Zeit Heinrichs IV. mit der berühmten Zuchstätte Sullys in Mehung-sur-Yèvre, von der am Anfang gesprochen wurde.

Thorough bred horses. — There are very few breeders of thorough breds in Forez : MM. Balaÿ and de Vazelhes are the only ones.

Formerly there were : M. Douvreleur's stud where VIOLON II was bred. Louis de Romanet's where nearly all his own horses were bred. M. Darcon (at the Coteau near Roanne).

Breeding of trotters. — This is still carried on to some extent near Feurs. M. Faurand (Saint André le Puy) has an important stud there and he trains his horses himself. He has a handsome stallion : URUGUAY.

3°. Berry horse.

Historical sketch. — The Berry horse is of early and mixed origin. The Wisigoths came to Berry; Arabs overran it before Poitiers. Germans and Arabs left mares behind and stock sired by Eastern stallions was raised. During the reign of Philip-August, when Henri II of England took Berry which was the theatre of ceaseless warfare for two years (1187-89). English mares were, undoubtedly, left behind by Henry's army.

In the xv[th] century, Berry, patrimony of the Royal family, experienced a time of prosperity after the disasters of the Hundred year's war. Later, in Henry IV's time we have Sully's famous stud at Mehun sur Yèvre, mention of which was made in an earlier part of this treatise.

Neglected during the reign of Lewis XIII, horse breeding was taken up again

El Sr. Balay valoriza él mismo sus animales y numerosos son sus éxitos particularmente con los hijos de su reproductor de pura sangre Mosque.

En cuanto al barón de Vazelhes, su criadero de reproductores es notablemente numeroso. Saludemos en él, con respeto, uno de los decanos de los ganaderos de media sangre y el criador más importante de los caballos comprados por la Remonta militar.

Cría del caballo de pura sangre. — Las crías de pura sangre son raras en Forez ; solo los Srs. Balay y de Vazelhes crían algunos caballos de pura sangre.

Hubo, en otros tiempos, algunas buenas crías de pura sangre en el Loira. Se pueden citar :

El Sr. Douvreleur, ganadero de Violon II, el Sr. Louis de Romanet quien hizo nacer casi todos los caballos había de explotar, más tarde, la suya ; la cría del Sr. Barcon en el Coteau (alrededor de Roanne).

Crías de trotadores. — La región de Feurs se da aún a la producción del trotador. El Sr. Faurand (Saint-André-le-Puy) tiene allí un importante criadero y prepara sus productos. Tiene un muy bello reproductor trotador, Uruguay.

Visconte de Poncins a Saint Cyr les Vignes.

M. Balaÿ doma e presenta i suoi prodotti, ottenendo numerosi premi principalmente coi figli del suo stallone di p. s. Mosque.

Il Barone de Vazelhes possiede molti cavalli e lo citiamo come uno dei piu antichi allevatori di numerosi puledri per la Rimonta militare.

Allevamento di puro sangue. — Pochi luogi di allevamento nel Forez : solo MM. Balaÿ e de Vazelhes producono cavalli di p. s. e nel passato citeremo M. Douvreleur (che ebbe Violon II), M. Louis de Romanet e M. Darcon (au Coteau, vicino a Roanne).

Trottatori. — La regione di Feurs si è dedicata alla produzione del trottatore. M. Faurand (Saint André le Puy) ha un importante allevamento, allena i suoi prodotti e possiede un bello stallone trottatore Uruguay.

3º. Caballo del Berry.

Ojeada retrospectiva. — Los origenes de la raza caballar en Berry son muy antiguos y mezclados.

Los Visigodos vinieron al Berry ; los Árabes recorrieron esta provincia hasta la batalla de Poitiers. Germanos y Árabes dejaron en ella yeguas a las cuales los reproductores orientales dejaron recuerdos.

En tiempo de Felipe-Augusto, Enrique II se apoderó del Berry que, durante dos años (1187-1189) fué el teatro de luchas incesantes. En dicha época, fueron deja-

3º. Cavallo del Berry.

Occhiata retrospettiva. — Le origini del cavallo del Berry sono antichissime ma non pure. I Visigoti vennero nel Berry; gli Arabi percorsero questa provincia fino all'epoca della battaglia di Poitiers. I Tedeschi e gli Arabi vi abbandarono diverse cavalle che, con degli stalloni orientali produssero buoni puledri.

Sotto Filippo-Augusto, Enrico II prese il Berry che fu, dal 1187 al 1189 teatro di lotte senza fine e si suppone che

Die unter Ludwig XIII. vernachläszigte Zucht nimmt unter Colbert wieder zu ; Gestüte werden gegründet. Im XVIII. Jahrhundert ist das Pferd von Berry sehr bekannt, besonders das von Nérondes. In Sancerre findet ein sehr wichtiger Jahresmarktstatt statt, wo sich die Normandie selbst mit Pferden versieht, weil nach den damaligen Chroniken « der Wuchs der Pferde von Berry mit dem dritten Jahre fertig war, während der der Pferde von der Normandie erst mit dem vierten, ja dem fünften endete ».

Die Gegend, die den Departements des Chers, und der Indre heute entspricht, lieferte viele Tiere für die Heeresremonte.

Die Revolution : vollständiger Stillstand für die Zucht, die erst nach 1806 wieder zunimmt.

Am Anfang des XIX. Jahrhunderts herrscht noch eine ungenügende Wahl der Stuten. Von 1850 an wird die Halbblutzucht gut und intensiv.

Einige Vollbluthengste, einige englischarabische Beschäler, sowie Tiere von Norfolk und Halbbluthengste von der Normandie wurden in Berry benutzt, die mit Stuten alten, aber vermischtern Stammes ein Produkt von vieler Qualität liefern.

Zuchtgebiete. — Das Halbblutpferd findet man fast einzig im Kreis von Saint-Amand. Man musz zwei Hauptgebiete unterscheiden :

1) Östlich, im Tale des Aubois (das man eher das Tal von Germigny nennt) und auf dessen beiden Seiten, im westlichen Teil des Talls des Alliers und im Tal des Aurons, liegt das Hauptgebiet der Zucht von Halbblutpferden. Es ist eine Art Fortsetzung der Gegend von Nevers. Die guten Weideflächen liefern ein Pferd von ernster Knochenstärke. Die Hauptzuchtstätten sind :

Im Tale von Germigny : Laguerche, Nérondes, Sancoins.

Bei dem Bec-d'Allier : Le Guétin.

Im Tale des Aurons : Dun-sur-Auron.

by Colbert who established studs. In the XVIIIth century Berry horses were famous, chiefly those from the Nérondes district. Sancerre had an important horsefair where even Normans came and were purchasers " because, the chronicles say, Berry horses are full grown at three years and norman ones only at four or five ". At that time, the Remounts Dept were able to obtain many horses from Cher and Indre.

During the Revolution there was a complete stoppage of horse breeding ; but it was started again in 1806. During all the first part of the XIXth century, however there was not sufficient selection and it is only since 1850 that the production of half-breds has been really sound.

Some thorough bred stallions, Anglo-Arabs, Norfolk horses, and half bred Normans were used in Berry and very valuable horses were produced from this mongrel stock.

Breeding districts. — Nearly all the half-breds come from the Saint Amand district. There are two principal centres :

1º In the East, are the Aubois valley (generally called Germigny valley) with the western part of the Allier valley and the whole of the Auron valley : those valleys are almost a continuation of Nivernais, and constitute the principal breeding country. The pasture is very good and produces a strong-boned horse. The most important places are : In Germigny valley : Laguerche, Nérondes, Sancoins.

Near Bec d'Allier : Le Guétin.

In the Auron valley : Dun sur Auron.

2º In the South-West, the Lignières district (west bank of the Cher, Arnon valley) borders on Indre and Creuse ; that

das seguramente por el ejército inglés, yeguas de allende la Mancha.

En el siglo dieciocho, el Berry, heredad de los infantes de Francia, conoció una era de prosperidad consecutiva a las devastaciones de la Guerra de Cien Años.

Luego, vino la época de Enrique IV, con la famosa cría de Sully, en Mehun-s.-Yèvre, de la que he hablado en la primera página de este folleto. Descuidada en tiempo de Luis XIII, la cría se reanuda con Colbert así como la creación de los depósitos de sementales.

En el siglo dieciocho, el caballo del Berry es reputado principalmente en la región de Nérondes. Santerre es el centro de una feria importante de caballos donde la Normandía misma va a abastecerse porque, dicen las crónicas de la época, « el desarrollo de los caballos del Berry se termina entres años mientras que el de los caballos de Normandía dura de 4 a 5 años ».

Por esta época, la región correspondiente hoy al Cher y al Indre, suministraba numerosos caballos a los ejércitos.

Con la Revolución vino el marasmo completo para la cría que se reanudó en 1806.

A principios del siglo diecinueve, el criadero de yeguas reproductoras no está seleccionado suficientemente.

La producción del media sangre se hace intensa y buena tras el año 1850.

Algunos caballos reproductores, de pura sangre, algunos anglo-árabes, unos Norfolk ingleses y unos media sangre fueron empleados en el Berry.

Con la yeguada antigua, pero de origen algo híbrido, produjeron un animal de muchas cualidades.

Regiones de cría. — El caballo de media sangre se produce casi únicamente en el distrito de Saint-Amand. Es preciso distinguir dos centros de producción :

1º Al este, el valle del Aubois (más conocido con el nombre de valle de Germigny), aumentado con la parte oeste del Valle del Allier y del del Auron ,constituye la

delle cavalle inglesi vi sian state lasciate dall'esercito d'Oltre-Manica.

Nel quattrocento, il Berry, patrimonio della famiglia reale, fu prosperissimo dopo le rovine della guerra dei Cent'anni.

Venne il regno di Enrico IV col famoso allevamento di Sully a Mehun s / Yèvre del quale ho parlato nelle prime pagine di questo lavoro. Abbandonate sotto Ludovico XIII, riprese con Colbert e la creazione delle Razze.

Nel secolo XVIII il cavallo del Berry della regione di Nérondes fu molto apprezzato ; a Sancerre, un importante mercato di cavalli dove anche la Normandia venne a provvederdersi perchè, si dice che « i cavalli del Berry finiscono di crescere dopo tre anni mentre il cavallo della Normandia è adulto a 4 o 5 anni soltanto ».

In questo tempo, la Rimonta trovava nella regione del Cher e dell'Indre molti cavalli. Poi la Rivoluzione dannegiò l'allevamento dei cavalli che rifiorì col 1806.

Al principio del secolo XIX la selezione delle madri non fu fatta razionalmente e soltanto verso 1850 la produzione divenne intensa e buona.

Stalloni di p. s., Anglo-Arabi, Norfolk Inglesi, Normanni sono stati adoperati nel Berry ; colle cavalle di produzione locale, di razza antica ma un po ibrida hanno dato ottimi puledri.

Paesi d'allevamento. — Sono quasi tutti nel distretto di Saint Amand. Bisogna pero distinguere due centri di produzione :

1. La valle dell'Aubois (piu conosciuta sotto il nome di valle di Germigny) colla parte occidentale della valle dell'Allier e della valle dell'Auron formano la prin-

2) Südwestlich grenzt die Gegend von Lignères (der westliche Teil des Tales des Chers, und das Tal des Aurons) mit den Departements der Indre und der Creuse ; dieses Gebiet ist die Fortsetzung des Tales der Indre (La Châtre). Vor einigen Jahren fand man noch hier Tiere, die mit den Pferden von Limoges nach orientalischem Blut verwandt waren. Dieses Typus wird immer seltener : das Pferd von Lignères ist doch eher ein Sattelpferd als das des Tales von Germigny. Noch heute wird in Lignères ein Arabervollblut als Beschäler gebraucht.

Typus dieses Pferdes. — Hier ist der Rippenkasten nicht so spitzbogenförmig als in Saône-und-Loire. Dieses Pferd ist ein Tier mit offenen, breiten, vollen Rippen, ein unermüdlicher Arbeiter von energischem, manchmal hohem Gang. Die Benutzung von englischen Tieren aus Norfolk liefert ein qualitätwolles Produkt, das zweierlei Dieuste leisten kann.

Im Tale von Germigny wird gewöhnlich ein ausgezeichneter « Cob » gezüchtet, der sich hinter den Hunden wie am Wagen bewährt hat, da seine Energie und seine Härte den Fehler einer allzugeraden Schulter ersetzt.

Um Lignères haben wir eher Sattelpferde.

Erfolge. — Dieses Tier glänzt nicht auf den Preisverteilungen wie das Pferd von Charolles. Man musz es an der Arbeit schätzen : wieviele Jägermeister loben seine Eigenschaften !

Man braucht nicht mehr die Pferde des Tales von Germigny zu rühmen. Wir erwähnen allein ROSETTE XIV (Vollblut, von Saint-Armel (Pl. XVII) ; Siegerin in vielen Turnieren ; Fahrschule : Herr Guy Olivier) ; wurde 50.000 Fc. in Vichy von Herrn Lederlin gekauft.

Die Gegenden um Lignères und La Châtre haben einige sehr schöne Tiere geliefert :

horse-breeding district is the continuation of the higher valley of the Indre (la Châtre). A few years ago, horses like the Limousin, with signs of Oriental blood, were found there, but they are getting very scarce ; Lignères horses are more saddle-horses than those of Germigny. A thorough bred Arabian stallion is still used at Lignères.

Type of the Cher horse. — Less "ogival" than the Saône et Loire horse, he is a solid animal wide in front with large haunches, hard-worker, full of go, sometimes too much of a high stepper.

The English Norfolk horses have produced a type with very many good points and often able to used for two purposes : the Germigny horse is generally an excellent "cob", a hunter as well as a splendid carriage-horse, his shoulder is sometimes a little too straight but he makes up for that fault by being so even-tempered and possessing untiring energy.

In Lignères district the horse is more of the saddle horse type.

Prizes at Shows. — Most of the Berrichon horses being used for ordinary purposes, their names do not appear so often on the prize-lists as do those of their Charolais brothers. Many huntsmen are fond of them.

The Germigny horse is famous. A good example is ROSETTE XIV (Saint Armel th. b.) (pl. XVII) so extraordinary in Jumping Competitions, brillantly improved by M. Guy Olivier and sold for 50.000 francs at Vichy to M. Lederlin.

Some very fine horses have come from Lignères, la Châtre district : the most remarkable were :

WAG (Herbageur half bred) (pl. XIX), a big horse powerful and high-spirited,

TOMBOLA (Marsan p. s. et fille d'Unst $^1/_2$ s.), née chez MM. Fr. Chevalier et Galand, à Charolles (S.-et-L.). 1er Prix à Paris, Saumur, Vichy, Charolles, Bourges. Gagnante de nombreuses courses.

WISKY (Mosque p. s. et Asthore $^1/_2$ s.), né chez M. Balaÿ, à Sourcieux (Loire). Vendu en Italie. Gros sauteur à l'étranger.

RALPH (Dacus $^1/_2$ s. et fille de Incroyable p. s.), né chez M. Gailleton, à la Guiche (S.-et-L.). Lauréat à Charolles et Vichy, monté par le Capitaine de Cavalerie Ramus (Suisse).

Cliché Niedecken, Weggis

TURMAC, ex-Velleda (Pouf. $^1/_2$ s.), née chez M. Duplessis - Pallot, à S^t - Romain - sous Gourdon (S. - et - L.). Au Capitaine de Cavalerie Albert Hégi (Suisse).

principal región de la producción del media sangre. Es el prolongamiento del Nivernais, con pastizales excelentes que dan un caballo serio con mucho esqueleto.

Los centros más importantes son :

En el valle de Germigny : Laguerche, Nérondes, Sancoins.

Cerca del Bec-d'Allier : Le Guétin.

En el valle del Auron : Dun-sur-Auron.

2º Al sud-oeste, la región de Lignières (parte oeste del valle del Cher, valle del Auron) confina con el Indre y el Creuse ; este centro de producción es el prolongamiento del del alto valle del Indre (La Châtre). Se encontraban allí, hace algunos años, animales que se pueden comparar con el lemosín, con trazas de sangre oriental. Dicho tipo se hace raro ; sin embargo, el caballo de Lignières es más ligero que él del valle de Germigny. Un reproductor de pura sangre árabe hace aún la monta en Lignières.

Tipo del caballo del Cher.—El caballo del Cher es menos ojival que el de Saône-et-Loire. Es un animal muy serio, nobilísimo, con formas acentuadas, trabajador infatigable, de aires enérgicos, a veces al go altos.

El empleo del Norfolk inglés ha dado productos llenos de calidad y a menudo de un tipo doble.

El caballo del valle de Germigny es, por lo general, un excelente « cob », animal utilísimo tanto detrás de los perros como enganchando y que, si a veces tiene la espaldilla algo recta, desquita su imperfección por su temple y su energía.

En la región de Lignières, el caballo es más ligero.

Éxitos en concursos. — Caballo de trabajo sobre todo, el berrichón no está representado tan brillantemente como su hermano charolés en la lista de premios de los concursos y de las carreras. Por la muestra se conoce el paño. ¡ Cuántos monteros celebran sus servicios ! La reputación de los caballos del valle

cipale regione di produzione che costituisce una continuazione del Nivernasi. I pascoli sono eccellenti e danno un cavallo robusto, dall'ossatura forte.

I centri piu importanti sono :

Nella valle di Germigny : La Guerche, Nérondes, Sancoins.

Vicino al Bec d'Allier : Le Guétin.

Nella valle dell'Auron : Dun s / Auron.

2. La regione di Lignières (parte occidentale della vallata del Cher, valle dell'Arnon) è contigua all'Indre e la Creuse. Questo centro è la continuazione di quello dell'alta valle dell'Indre (La Châtre). Vi si trovavano ancora, pochi anni fa, cavalli somigliante a quelli del Limosino con segni palesi di sangue orientale. Questa razza va perdendosi ; nondimenno il cavallo di Lignières è piu leggero di quello di Germigny. Uno stallone puro sangue arabo fa ancora la monta a Lignières.

Tipo del Cavallo del Cher. — E meno « ogival » di quello di « Saône-et-Loire ». E un animale robusto, molto sviluppato, buon lavoratore, dall'andatura energica qualche volta troppo elevata. L' uso dei Norfolk Inglesi ha dato prodotti ottimi spesso da raggiungere due scopi : il cavallo della vallata di Germigny è generalmente un « cob » eccellente da caccia e da tiro : penchè abbia qualche volta la spalla un boco alta, compensa questo difetto con il suo temperamento enɛrgico.

Nella regione di Lignières, il cavallo è tipo « sella ».

Successi in Concorsi. — Il cavallo del Berry è sopratutto cavallo da servizio ; non è cosi brillante come il suo fratello Charolais nei Concorsi e nelle Corse, ma

WAG (Halbblut, von Herbageur (Pl. XIX); starkes Gebäude, mächtiger und leichter Gang; in der Schweiz abgekauft); IDEAL (Halbblut; von Jourdan (Pl. XIX); Besitzer : Herr Morel; tadelloses Schwergewicht; Ehrenpreis in Vichy 1927). WAG war Ehrenpreis in Vichy in 1926.

Hengsthaltung. — Die Eigenhengsthaltung hat in Berry, von 1850 bis 1874, eine wichtige Rolle gespielt ; seit einigen Jahren aber verschafft das staatliche Gestüt in Blois den Hauptteil der Beschäler.

Züchter. — Berry ist ein Land kleiner Zucht, wo man die Pferde Fahrschulen anvertrauet, die sie vorführen.

Einige Züchter bieten doch selbst ihre Produkte feil und dressieren sie : Herrn Marquis de Rolland, in Garigny ; Morel in Sancerre. Wir müssen besonderse einen sehr wichtigen Züchter, Herrn Vérillaud, erwähnen, der ein sehr wichtiges Grundstück mit Halbblutstuten anbauet : ein nachahmenswertes Beispiel. Die Halbblutstute als Mutterstute und Gebrauchsstute : keine Krise mehr in der Halbblutzucht. Mögen viele Herrn Verillaud nacheifern.

Traberzucht. — Unter den wenigen Traberzüchtern in Berry ist Herr Perrot, in Laguerche, der wichtigste.

sold in Switzerland and IDÉAL (Jourdan h. b.) (pl. XIX), belonging to M. Morel, and perfect as a type of heavy-weight; in 1927, won the " Prix d'honneur " at Vichy, which prize Wag had won in 1926.

Stallions. — From 1850 to 1874, an important part was played by private studs, in Berry but since then Blois Government Studs supply most of the stallions used in that district (see chapter II).

Chief breeders. — The majority of breeders have not suitable training places and therefore entrust their horses to breaking-in schools for this purpose. A few however break in and train their own, among them are :

MM. Marquis de Roland at Garigny, Morel at Sancerre.

Special mention must be made of M. Vérillaud who cultivates a very large estate worked by half-bred mares. If half bred mares could be used for agricultural service as well as for breeding, it would be the end of the horse-breeding crisis : let us hope M. Vérillaud will have many imitators.

Breeding of Trotters. — There are a few in Berry, the most important being M. Perrot's at Laguerche.

de Germigny no necesita hacerse. Basta citar a Rosette XIV (Saint-Armel, p. s.) heroina de concursos hípicos, brillantemente valorizada por el Sr. Guy Olivier y vendida 50.000 francos en el concurso de Vichy al Sr. Lederlin.

Algunos muy bellos caballos fueron suministrados por la región de Lignières y La Châtre. Los más notables han sido : WAG (Herbageur, m. s.) (pl. XIX), caballo notable, de andar potente y elástico, vendido en Suiza, y IDEAL (Jourdan, m. s.) del Sr. Morel (pl. XIX). Este último es impecable en su modelo de caballo « pesado ». Acaba de conseguir en Vichy el premio de honor de 1927 ; lo había recibido WAG en 1926.

Crianza de reproductores. -- La crianza de reproductores privada desempeñó, en el Berry, un papel importante, desde 1850 hasta 1874 ; pero, desde hace numerosos años, es el depósito de Blois el que suministra, en aquella región, la casi totalidad de los reproductores (capítulo II).

Principales ganaderos. — El Berry es un país de pequeña ganadería, en el que, para su valoración, los animales son confiados a las escuelas de doma.

Algunos criadores, sin embargo, presentan ellos mismos sus animales ; éstos son : Los Srs. marqués de Rolland, en Garigny ; Morel, en Sancerre.

Débese una mención especial a un importante ganadero, el Sr. Vérillaud quien explota una dilatadísima hacienda únicamente con yeguas de media sangre. Se puede citarlo como modelo : la yegua de media sangre, a la vez reproductora y yegua de trabajo, es la que ha de conjurar para siempre la crisis del media sangre. Hagamos votos porque el Sr. Vérillaud tenga numerosos imitadores.

Crías de trotadores. — Algunas crías de trote existen en el Berry ; la más importante es la del Sr. Perrot, en Laguerche.

si fa apprezzare all'uso e molti cacciatori si lodano dei suoi s rvizi.

La fama dei cavalli della valle di Germigny è celebre : citiamo soltanto : Rosette XIV (Saint-Armel, p. s.) (pl. XVII), vincitrice di concorsi, presentata da M. Guy Olivier e venduta 50.000 lire a Vichy a M. Lederlin.

Molti bei cavalli sono usciti da questa regione ; i piu noti sono : WAG (Herbageur, mezzo sangue) (pl. XIX) cavallo robusto dall' andatura energica ed agile — venduto in Isvizzera ed IDEAL (Jourdan) (pl. XIX) a M. Morel. Questo cavallo è il tipo perfetto di cavallo pesante. Ha avuto il « Prix d'honneur » a Vichy nel 1927, premio che WAG ebbe nel 1926.

Stalloni. — Le Razze private hanno avuto una grande importanza da 1850 a 1874 ma da parecchi anni, la Razza di Blois fornisce gli stalloni a tutta la regione (v. Cap. II).

Principali allevatori. — Il Berry è un paese di piccoli allevatori ; i suoi cavalli sono inviati alle Scuole di allevamento perchè pochi allevatori domano i loro puledri : MM. Marchese de Roland a Garigny, Morel a Sancerre.

Una menzione speciale merita M. Vérillaud che coltiva una grande tenuta con sole cavalle di mezzo sangue ; è un modello da imitarsi : se la cavalla di sangue si adoperasse per servizio e per la riproduzione finirebbe, la crisi dell'allevamento. Speriamo che M. Vérillaud trovi molti imitatori.

Trottatori. — Pochi allevamenti di trottatori nel Berry ; il piu importante è quello di M. Perrot a Laguerche.

4º. Das Pferd von der Dombe.

Allgemeiner Rückblick. — Die Halbblutzucht in dem Departement des Ains hat viele Schwankungen durchgemacht. Wie ich es anfangs gesagt habe, waren die Pferde von der Bresse und von der Dombe unter Karl VIII. sehr berühmt Unter Franz I. und Heinrich II. findet man einige solcher Pferde in den königlichen Ställen ; am Ende des xvi. Jahrhunderts wurde dieses Land verheert und nur wenige Pferde von diesem in Krieg und Turnier bewährten Geschlecht überlebten diese Verwüstungen.

Colbert arbeitet an der Wiederherstellung dieser Rasse : er schickt spanische und dänische Beschäler ; die Produkte sind gut : die Dombe ist das Remontedepot der Regimenter des Königlichen Hauses und Bourgelat rühmt die Produkte von Bugey.

Am Ende des xviii. Jahrhunderts werden Pferde aus der Normandie ja aus England eingeführt.

Napoleon I. sendet arabisch-englische Hengste, deren gutgeschätzte Produkte denen der Stuten von Pompadour gleichkommen. Einige der nach dem ägyptischen Feldzug zurückgebrachten Araber werden um Villefranche, am Ende der Dombe, gehalten. Auf den Schlusz der napoleonischen Kriege folgt ein gewisser Niedergang, nach dem Pferde aus der Normandie als verbesserndes Element benutzt werden.

Von 1818 an bemüht man sich, die Zucht tatsächlich wieder in die Höhe zu bringen, die das heutige Pferd liefern kann. In dieser Kreuzung haben einige Hengste englisch-arabischen, ja rein arabischen Blutes neben Beschälern aus der

4º. Dombe horse.

Historical sketch. — In the département of Ain horse breeding has undergone many fluctuations. As I pointed out in an earlier paragraph. Bresse and Dombe horses famous during the reign of Charles VIII. In the time of Francis I and Henry II, there were many in the Royal Stables, but at the end of the xvi[th] century owing to the country having been sacked, very few specimens of those celebrated war and tourney horses were left.

At the time of Colbert, horse breeding was taken up again. Spanish and later on Danish stallions were sent to Dombe ; results were good : the Royal Regiments obtained their horses in Dombe. Bourgelat also praised the Bugey products.

Towards the end of the xviii[th] century, Norman and even English horses were imported.

During the Empire, the Anglo-Arabian horse was introduced with excellent results, the horses being equal to those of Pompadour. Some of the Arabian horses brought back, after the Egyptian Expedition were left at Villefranche, on the boundaries of Dombe. There was a decline at the end of the Empire wars, after which the Norman horse was adopted as an improving element.

From 1818, a great effort was made to improve the breed and then the Dombe horse was produced in whom, side by side with Norman characteristics, can also be traced those of the Anglo-Arabian and even of the pure Arab breed.

4º. Caballo de la Dombe.

4º. Cavallo della Dombe.

Ojeada retrospectiva. — La crianza del media sangre en el departamento del Ain sufrió fluctuaciones numerosas. Como lo he dicho al principio de este folleto, los caballos de Bresse y de Dombe eran célebres en tiempo de Carlos VIII.

En tiempo de Francisco I y de Enrique II, se encontraban dichos caballos en las caballerizas reales, pero a fines del siglo decimosexto, el país fué devastado enteramente y ahora subsiste muy poca cosa de esta raza famosa de caballos de guerra y de torneo.

Con Colbert, empieza la reconstitución. Se envían reproductores españoles y dinamarquéses ; es buena la producción ; los regimientos de la Casa del Rey se remontan en la Dombe y Bourgelat celebra la producción del Bugey.

A fines del siglo decimoctavo, se importan caballos normandos y hasta ingleses.

Con el Imperio, se introduce el anglo-árabe cuyos productos son muy buenos y juzgados comparables con los del criadero de Pompadour. Unos caballos árabes traídos en la época de la expedición de Egipto fueron colocados en la región de Villefranche, en los confines de la Dombe.

El fin de las guerras del Imperio trae una decadencia, tras la que el « normando » es adoptado como elemento de mejoramiento.

El esfuerzo de reconstitución que ha producido el caballo actual, data de 1818. Al lado del normando, algunos anglo-árabes, y hasta árabes puros han tenido éxito en el cruzamiento.

Regiones y modo de crianza. — **Tipo del caballo de Dombes.** — El país en que se cría el media sangre es el antiguo princi-

Occhiata retrospettiva. — L'allevamento del cavallo ha subito molti alti e bassi. Come ho gia detto i cavalli della Dombe erano famosi sotto Carlo VIII ; sotto Francesco I e Enrico II se ne trovavano nelle Scuderie reali ma alla fine del secolo XVI il paese fu tutto devastato e i suoi cavalli da tornei furono dimenticati.

Con Colbert si ricominciò e si mandarono stalloni spagnuoli poi danesi. La produzione risultò buona e i reggimenti del Rè si rimontarono di cavalli nella Dombe ; Bourgelat lodò la produzione del Bugey.

Alla fine del secolo XVIII, i cavalli normanni ed inglesi furono importati.

Al tempo dell'Impero furono introdotti gli Anglo-Arabi, i cui figli sono bravissimi e paragonabili a quelli di Pompadour. Parecchi cavalli Arabi importati dopo la spedizione d'Egitto furono messi nella regione di Villefranche, ai confini della Dombe.

Alla fine delle guerre dell'Impero, si notò una decadenza alla quale si rimediò usando i cavalli normanni per migliorare la razza.

Nel 1818, fu ripreso l'allevamento che ha prodotto il cavallo moderno ; a fianco dei normanni qualche Anglo-Arabo ed anche degli Arabi puri hanno un evidente incrocio.

Regioni. — **Metodi d'allevamento.** — Il paese dell'allevamento del mezzo sangue è il principato della Dombe chè, prima

Normandie bedeutsame Spuren hinterlassen.

Zuchtgebiete. — Aufzuchtweisen. — Heutiger Typus. — Das Gebiet der Halbblutzucht bildet das ehemalige Fürstentum der Dombe, das, als es mit Frankreich noch nicht vereinigt war, unter dem glücklichen Einflusz seiner Fürsten an der Spitze der Zucht stand. Dieses Gebiet besteht aus dem südlichen Teil des Kreises von Bourg, der Hochebene der Dombe, dem Tale der Chalaronne. Die Hauptzuchtstätten sind : Marlieux, Villars-les-Dombes, Chalamont, Châtillon-sur-Chalaronne, Saint-Triviers-sur-Moignans.

Das Zuchtgebiet dehnt sich in das Departement der Rhone, um Villefranche-s.-Saône, hinein.

Trotz der Ungenügsamkeit eines an Kalk armen Bodens ist es der Dombe gelungen dank dem Klima, der Grasart und den Verbesserungen der Weideflächen, ein gutes Halbblutpferd zu liefern. Der oft feuchte Boden erlaubt es nicht, die Tiere während des Winters im Freien zu laszen : sie leben also in den Ställen während 3 Monate : sie entwickeln sich unterdessen aufs beste, da sie gut gefuttert werden.

In dem Departement des Ains ist das Pferd wirklich geliebt : nur wenige Departements haben zu der Verbesserung der Rasse soviel beigetragen. Eine genaue Wahl der Stuten hat seit 30 Jahren den Typus vollständig verändert, und man sieht in den Stutenschauen ausgezeichnete Tiere.

Dieses Pferd ist heute von dem von Charolles nicht grundverschieden : die Schulter ist nicht so gut, aber der Gliederbau ist stärker; ein Tier also von wichtigem Gebäude und starkem Aufsatz, mit wohl angebundenen Gelenken und energischen, manchmal zu hohen Gängen. Da es jedes Jahr die Wintermonate im Stall verbringt und mit dem Menschen also vertraut ist, hat es einen guten Charakter ; kurzhin,

Breeding districts and Methods. — Type of the Dombe horse. — The old Principalty of Dombe, under the auspicious influence of its princes and before it became part of France took the head in horse breeding : that region consists of the South territory of Bourg district, the Dombe table land and the Chalaronne valley ; the principal centres being : Marlieux, Villars les Dombes, Chalamont, Chatillon sur Chalaronne, Saint Trivier sur Moignans. The horse breeding district extends as far as the Rhône (Villefranche sur Saône).

Thanks to its climate, the nature of its grass, the artificial improvement of its pasture, Dombe now produces half-breds successfully, in spite of imperfect soil with insufficient chalk. The dampness of the ground does not allow the horses to stay in the open during the coldest part of winter : they are brought into Stables for three months but as they are very carefully fed during that time they thrive well.

The people of Ain are fond of horses and very few of our French départements have done so much for the improvement of horse breeding.

During the last thirty years, by a wise selection, they have completely transformed the breed and in the brood mare shows there are many admirable specimens.

The modern Dombe horse is very much like the Charolais : his shoulder is more faulty and his limbs are thicker ; he is well boned with a straight neck and a strong back ; he is full of go and action, sometimes being even too high a stepper.

Taken in, every year, during the winter months, accustomed to live near man, the Dombe horse is very good tempered,

pado de Dombes, que, antes de unirse con Francia estaba al frente de la cría bajo la influencia feliz de sus príncipes. Dicha región comprende la parte sur del distrito de Bourg, la meseta de Dombes y el valle del Chalaronne. Los principales centros son : Marlieux, Villars-les-Dombes, Chalamont, Châtillon-s.-Chalaronne, Saint-Trivier-s.-Moignans.

La región de cría se prolonga un poco en el Rhône (región de Villefranche-s.-Saône).

La Dombe, a pesar de las imperfecciones de su suelo poco rico en calcáreo, gracias al clima, a la naturaleza de la hierba, a los abonos dados a las praderas, ha llegado a producir perfectamente el caballo de media sangre. El suelo, a menudo húmedo, no permite dejar los animales en libertad durante el fuerte invierno. Se ponen al abrigo durante unos tres meses ; pero, bien nutridos en el período de estabulación, adquieren un buen desarrollo.

El Ain es un país en que se ama el caballo. Poco numerosos son los departamentos que han impulsado tan largamente el mejoramiento de la raza. El criadero de reproductores juiciosamente seleccionado se ha, transformado completamente desde hace treinta años, y los concursos de reproductores hacen ver lotes notables.

El tipo actual del caballo de este último país se asemeja al del charolais; la espaldilla es menos buena y los miembros más fuertes. Es un animal importante en su esqueleto, bien injertado, de lomo fuerte, de aires enérgicos, a veces un tanto altos.

Abrigado cada año durante los meses de invierno, acostumbrado al contacto del hombre, el caballo de Dombes tiene generalmente buen carácter ; es un animal de trabajo perfecto y de fácil doma.

Éxitos en concursos y en carreras. — Como el reproductor de pura sangre ha sido poco empleado en el Ain, los éxitos

d'essere riunito alla Francia, era alla testa dell'allevamento, sotto l'influenza benefica dei suoi principi.

Questa regione comprende la parte sud del distretto di Bourg, la Dombe e la valle della Chalaronne. I principali centri sono : Marlieux, Villars les Dombes, Chalamont, Châtillon s/ Chalaronne, Saint Trivier s/ Moignans.

La regione d'allevam nto si prolunga in parte nella regione del Rodano (Villefranche s./ Saône).

La Dombe, malgrado i difetti del suo suolo poco ricco di calce, a causa del clima, della qualità dell'erba, del modo come sono tenute le praterie è giunta a produrre buonissimi cavalli di mezzo sangue.

Il terreno, spesso umido, non permette di lasciare gli animali in libertà durante il pieno inverno ; sono tenuti al coperto per circa tre mesi e bene nutriti durante questo periodo di stallaggio prendono un buon sviluppo. L'Ain è un paese dove si apprezza il cavallo ; le fattrici molte bene selezionate si sono in 30 anni molto bene distinte nei Concorsi.

Il tipo prodotto attualmente è molto simile a quello del Charolais ; la linea della spalla è meno perfetta, le membra piu robuste ; è un animale con l'ossatura solida, dal dorso largo, dall'andatura resistente talvolta troppo forte.

Abituato nella stalla a vivere vicino all'uomo, il cavallo della Dombe ha una buona indole ; è un animale di servizio perfetto, di facile doma.

Vittorie nei Concorsi e nelle Corse. — Poichè lo stallone di puro sangue è poco adoperato nella Dombe, ne deriva che le vittorie nelle Corse dei sangue sono naturalmente poco numerose.

ein ausgezeichnetes, leicht dressiertes Arbeitspferd.

Erfolge in Konkurrenzen und Rennen. — Da man Vollblutbeschäler wenig benutzt hat, sind die Erfolge in Halbblutrennen nur wenig an der Zahl. Einige Englisch-Araber nahmen doch an Trabrennen glücklich Teil : es sind gerwöhnlich Produkte von GANTELET, einem englischarabischen Vollblut (von Prisme).

Die besten unter ihnen waren ORIENTALISTE und BALANCIER.

ORIENTALISTE (von Gantelet-Trotteuse); Sieger in Rennen auf ebener Bahn, in Trab- und Querfeldein rennen ; in dem selben Tage Sieger in Galop- und Trabrennen (wohl in kleiner Gesellschaft für das letztere) ; wurde von der Heeressremonte als Pferd für Generale gekauft; ein geschickter, ebenso bequemer als braver Springer.

BALANCIER (von Gantelet) : als dreijähriges Tier, dreimal Sieger in 1926 ; man wird noch von ihm hören.

Seit einigen Jahren messen sich nicht ohne Erfolg in Charolles oder Vichy Pferde von der Dombe mit Pferden von Charolles; französische und ausländische Liebhaber schätzen sie sehr, wobei ihr guter Charakter eine grosze Rolle spielt. Unter den besten war ASMODÉE (Halbblut, von Ourson (Pl. XII et XX) ; Züchter : Herr Cortet ; 1927 Sieger in Bagatelle und Vichy in Prüfungen im Freien). 1926 haben zwei Produlte von BRIMBORION glänzende Plätze eingenommen : BRUTUS (Züchter : Herr Blanchet ; Besitzer : Herr Roy) und BELLE-DU-JOUR (Züchter : Herr Cortet ; von der Schweiz abgekauft).

Hengsthaltung. — Das staatliche Gestüt von Annecy versieht diese Gegend mit Beschälern. Die Eigenhengsthaltung hat doch hier geblüht ; dazu hat 30 Jahre lang die « Société hippique de l'Ain » viel beigetragen. Nach ihrem Verschwinden haben einige Eigenhengsthälter

is easily broken in, and is altogether a perfect service beast.

Prizes at Shows and Races. — As thorough bred stallions were not used in Ain, there are, accordingly very few prizes worth mentioning. Notwithstanding some Anglo-Arabs were very good racers. They are generally sired by GANTELET, an Anglo-Arabian thorough bred, son of the famous Prisme. The best are : ORIENTALISTE and BALANCIER. ORIENTALISTE (Gantelet, a. ar. thor. bred and Trotter mare) has won flat races, trotting and cross-country races and on one occasion two first prizes on the same day. Bought by the Army Remount he was relegated to an officer of the High command ; he was a skilful jumper, a very steady animal.

BALANCIER (Gantelet) in 1926, when three years old, won three prizes and will certainly be a remarkable horse later on.

For the last few years Dombe horses have come to Charolles and Vichy to compete with Charolais horses and not without some success. They were liked very much by some of the French and foreign amateurs, their easy temper accounting for part of their success. One of the best was ASMODÉE (Ourson half bred) (pl. XII and XX), from M. Cortet's stud which was first in the " Epreuves d'extérieur " at Bagatelle and Vichy, in 1927. In 1926, two of Brimborion's stock were very successful. BRUTUS belonging to M. Blanchet and sold to M. Roy and BELLE DU JOUR belonging to M. Cortet and sold in Switzerland.

Stallions. — Annecy Studs supply Dombe with Stallions. Private studs, however, were fairly prosperous in Ain,

ROSETTE XIV
(Saint-Armel p. s.
et fille d'Incitant
$^1/_2$ s.), née chez M.
Virmoux, à San-
coins (Cher). Ven-
due par M. Guy
Olivier à M. Leder-
lin. Une des plus
célèbres lauréates
de Concours Hip-
piques. (75 prix
dont 8 coupes ;
environ 70.000)
Gagne la Coupe
de Pau.

ROSETTE XIV
gagne la Coupe d
Dunkerque.

Cliché S. U. I.

ALAND (Jack Bo-
nita $\frac{1}{2}$ s. et fille de
Vladivostock p. s.),
né chez M. François
Lévêque, à Blanzy
(S.-et-L.). Lauréat
Paris, Vichy, Sau-
mur, Bourges.

Cliché S. U. I.

TILE A TOUT
(Merry - Teddy p.
s. et fille de Gilbert
p. s.), né chez M.
Ferrière, à Palinges
S.-et-L.). Acheté
par M. Soucachet.
Lauréat Paris, Vi-
chy, Charolles. A
gagné de nombreu-
ses courses notam-
ment à Auteuil.

Cliché S. U. I.

de los caballos en las carreras de media-sangre son naturalmente poco numerosos. Sin embargo, algunos animales anglo-árabes han galopado bien. Estos son, por lo general, productos de GANTELET, p. s. a. ár., hijo del famoso PRISME.

Los mejores fueron ORIENTALISTE y BALANCIER.

ORIENTALISTE (Gantelet, p. s. a. ár. y yegua Trotadora) ganó en llano, al trote y en cross ; en el mismo día ganaba al galope y al trote (esta última carrera en pequeña sociedad). Comprado por la Remonta, se hizo cabalgadura de oficial general. Era un saltador diestro, un animal tan confortable como tranquilo.

BALANCIER (Gantelet), premiado en tres carreras a la edad de tres años, en 1926, dará aún que hablar en lo porvenir.

Desde hace varios años, los caballos de la Dombe van a Charolles y a Vichy a medirse, y no sin éxito, con los caballos del Charolais. Allí han sido muy apreciados por varios aficionados franceses y extranjeros. Su buen carácter es una de las principales causas de este aprecio. Uno de los mejores fué ASMODEE (Oúrson, m. s.) (pl. XII et XX), de la cría del Sr. Cortet. Se clasificó primero, en 1927, en las pruebas de exterior, en Bagatelle y en Vichy. En 1926, dos productos de BRIMBORION, p. s. se presentaron muy brillantemente. Éstos son :

BRUTUS, del Sr. Blanchet, vendido al Sr. Roy y BELLE-DU-JOUR, del Sr. Cortet, vendida en Suiza.

Crianza de reproductores. — El depósito de Annecy suministra a la Dombe una gran parte de sus reproductores. Sin embargo, la crianza privada de reproductores ha sido floreciente en el Ain ; durante treinta años, la Sociedad Hípica del Ain contribuyó largamente en este éxito. Cuando desapareció, varios ganaderos particulares conservaron buenos reproductores. El último fué el Sr. Durand, en Bouligneux (capítulo II).

Nondimenno qualche Anglo-Arabo ha galoppato benissimo e quasi tutti sono figli di GANTELET (p. s. Ang.-A. figlio del famoso Prisme).

I migliori furono ORIENTALISTE e BALANCIER. ORIENTALISTE (Gantelet p. s. a. ar. e cavalla trottatrice) ha vinto nelle Corse di steeple, al trotto, e nei Cross. Nello stesso giorno ha vinto due corse, l'una al trotto, l'altra al galoppo. Comprato dalla Rimonta, è divenuto un saltatore ideale, un animale comodo e tranquillo. BALANCIER (Gantelet) a 3 anni, vincitore di tre corse, nel 1926 ; si prevede che fara parlare molto di se.

. Da pochi anni, i cavalli della Dombe vengono a Charolles e a Vichy per gareggiare con successo con quelli dello Charolais. Sono stati apprezzati da molti appassionati francesi o stranieri anche per la loro indole docile.

Uno dei migliori fu ASMODÉE (Ourson m. s.) (pl. XII e XX) dell'alleva mento di M. Cortet fu primo, nelle « Epreuves d'extérieur » a Bagatelle e Vichy.

Nel 1926, due prodotti di BRIMBORION si sono presentati in modo brillante esono : BRUTUS a M. Blanchet venduto a M. Roy e BELLE DU JOUR a M. Cortet venduta in Isvizzera.

Stalloni. — Gli stalloni sono forniti dalla Razza nazionale di Annecy, ma per 30 anni le Razze private sono state abbastanza floride, aiutate dalla Société hippique de l'Ain ; attualmente pochi allevatori hanno buoni stalloni.

L'ultimo fu M. Durand a Bouligneux.

gute Beschäler behalten. Herr Durand in Bouligneux ist der allerletzte gewesen. (Siehe Kap. II).

Hauptzuchtstätten. — Fahrschulen. — In dieser Gegend wird mit einigen Ausnahmen die Zucht im kleinen betrieben ; aber der Züchter hegt eine leidenschaftliche Liebe zu den Pferden, die er nicht nur bewundert... und verkauft, sondern auch selber gebraucht und vorführt. In dieser Hinsicht steht die Dombe der Bretagne nah.

Es gibt eine Fahrschule, die die Pferde für die groszen Konkurrenzen zureitet; viele Züchter oder Söhne derselben führen aber die Tiere vor selbst : dafür soll man ihnen sehr gratulieren. Die Konkurrenzen bekommen so einen malerischen Charakter ; das Bestehen dieser Liebe zum Pferd haftet aufs sicherste für die Aufrechthaltung der Zucht.

Zwei Zuchtstätten sollen wegen ihrer wichtigen Stutenhaltung und der guten Geltendmachung ihrer Produkte unsere Aufmerksamkeit ins besondere ziehen : die von Herrn de Monicault in Versailleux und die von Herrn Cortet in Châtillon-sur-Chalaronne. Dieser letztere besitzt eine ebensowohl wegen ihrer Wahl als wegen ihres Zustands nachahmungswerte Stutenzahl : eine solche Stutenhaltung bekommt man selten zu sehen.

Traberzucht. — Allein Frau Witwe Edouard, in Thoissey, betreibt noch die Traberzucht; sie hat einen eigenen Beschäler : Jupiter.

for 30 years, supported to some extent by the " Société hippique de l'Ain ". When the latter disappeared, few private Studs were left : the last being M. Durand's at Bouligneux (see chapter II).

Chief breeders. — Breaking-in Schools. — Ain possesses only quite small breeding centres ; Dombe breeders love their horses and break them in for their own use as much as in order to sell them. Dombe may be compared to Brittany in this respect.

There is a Breaking-in school to which are sent the horses bred for the important shows but there are numerous breeders and breeder's sons who train their horses themselves ; this is very praise worthy, love of horses being the best guarantee for the preservation of horse breeding.

Two places are conspicuous for the number as well as for the value of their horses : M. de Monicault's at Versailleux and Cortet's at Chatillon sur Chalaronne. The latter has mares which are models of breeding and general fitness. It is difficult to find better horses.

Breeding of trotters. — There is one stud at Thoissey : Mme veuve Edouard's. She owns a stallion : Jupiter.

Principales ganaderos. — Escuelas de doma. — Salvo algunas excepciones, el Ain es un país de cría pequeña; pero, el ganadero de la Dombe ama apasionadamente el caballo, no sólo para admirarlo y... venderlo, sino también para utilizarlo y presentarlo él mismo. A este respecto, hay alguna analogía entre la Dombe y la Bretaña.

En el Ain existe una escuela de adiestramiento a la que son confiados caballos para los grandes concursos; pero numerosos son los ganaderos o los hijos de ganaderos que exhiben ellos mismos. Hay que felicitar los mucho por ello; eso da a veces una nota pintoresca al concurso; esta conservación de la aficción al caballo es la garantía más segura de la conservación de la producción.

Dos crías importantes se han notado tanto por la importancia de sus criaderos de reproductores como por la valoración de sus productos; éstas son las de los Srs. de Monicault, en Versailleux, y Cortet, en Châtillon-s.-Chalaronne. Esta última tiene un lote de yeguas que se puede citar como modelo tanto por su selección irreprochable como por su estado. Es una yeguada como se encuentran pocas.

Cría del trotador. — Existe un criadero de trotadores en Thoissey, perteneciente a la Sra. viuda de Edouard. Ella tiene allí un reproductor privado, JUPITER.

Principali allevatori. — Scuole. — L'Ain ha piccoli appassionati allevatori che amano loro cavalli non soltanto per lusso e guadagno ma per utilizzarli e domarli, da questo punto di vista, l'Ain somiglia alla Bretagna.

Esiste, nell'Ain, una Scuola di allevamento, dove si preparano i cavalli per i concorsi ma numerosi sono gli allevatori o figli d'allevatori che si dedicano a questa preparazione e sono da lodarsi perchè la loro opera da ai Concorsi un carattere di novità, e la passione per i cavalli è la miglior garanzia del mantenimento della produzione.

I due migliori allevamenti noti per il numero dei cavalli come per la riuscita dei loro prodotti sono quelli di MM. de Monicault a Versailleux e Cortet a Chatillon s/ Chalaronne. Quest'ultimo possiede cavalle che si possono citare come modello sia per la loro selezione ottima quanto per la loro bellezza.

Allevamento di trottatori. — Esiste un allevamento di cavalli da trotto con uno stallone privato che ha nome JUPITER, a Thoissey, di proprietà de Mme veuve Edouard.

KAPITEL II

STAATS-GESTÜTE

Die staatlichen Gestüte verschaffen den Halbblutzüchtern Mittel- und Südostfrankreichs den Hauptteil der Beschäler. Diese Gegend verfügt über die drei Gestüte von Cluny, Annecy und Blois.

Die wenigen Züchter, die noch die Eigenhengsthaltung betreiben, werde ich am Ende dieser die Gestüte betreffenden Seiten erwähnen.

a) Gestüt von Cluny.

Das Hengstdepot von Cluny wurde 1807 durch ein kaiserliches Dekret vom 4. Juli 1806 gegründet. Zuerst hauste es in einem groszen Gebäude mitten im Dorfe ; 1817 bezog es den Teil des ehemaligen Klosters, den es heute noch besetzt. Bis 1874 zählte es nur 46 Beschäler ; seither hat sich aber diese Zahl verdreifacht. Seine Hengste werden zur Zeit des Beschälens unter die folgenden Departements verteilt : Rhône, Loire, Allier, Nièvre, Saône-und-Loire. Die Stutenzüchter von Charolles und Forez hat es also zu versehen.

In seinem Bestand sind Vollblutpferde, anglo-normannische Halbblutpferde, Halbblutpferde von Mittelfrankreich, und Traber zu finden ; ich schweige von den Wagenpferden, die uns hier nicht interessieren. Unter den seit einem Vierteljahrhundert besonders bewährten Beschälern, deren Namen auf einem Pedigree für die Qualität haften, musz ich die folgenden nennen.

CHAPTER II

STUDS

The Government Studs supply most of the stallions of the breeders of the Centre and South-East of France. They are three in that district : Cluny, Annecy, Blois. Some breeders have a few private stallions which I shall name at the end of the paragraph concerning each stud.

a) Cluny Stud.

The first Stallion-depot was established there in 1807 (Imperial Decree of July 4th 1806). At first, it was in a large building in the Centre of the village. Later on, in 1817, in the part of the monastery where it is now.

Until 1874, there were only 46 stallions, since that date the number has been trebled ; the Stud horses are sent, during the season, into Rhône, Loire, Allier, Nièvre and Saône et Loire.

In Charolais, as well in Forez, stallions are supplied by Cluny Stud.

Besides draught horses (with which we are not concerned in the present work) there are thorough breds, anglo-norman and " Centre " half-breds and trotters.

Among the most remarkable sires, since a quarter of a century, let us mention the following, of whom the names are a pledge of quality in a pedigree :

CAPÍTULO SEGUNDO

DEPÓSITOS

Los depósitos nacionales suministran a los ganaderos de media sangre del Centro y del Sud-este de Francia la mayor parte de los reproductores. La región comprende tres depósitos de sementales; éstos son los de Cluny, Annecy y Blois.

Algunos ganaderos tienen reproductores privados; los citaré al fin del párrafo que se refiere a cada centro.

a) Depósito de Cluny.

El depósito de reproductores de Cluny fué creado en 1807 (decreto imperial del 4 de julio de 1806).

Primitivamente instalado en una gran construcción en el centro del pueblo, ocupó en 1817 la parte del antiguo monasterio donde está aún actualmente.

Hasta 1874, no contaba sino cuarenta y seis reproductores y desde entonces su efectivo ha hecho triplicarse.

Sus pensionistas son repartidos, durante la época de monta, por los departamentos del Rhône, del Loira, del Allier, de la Nièvre y de Saône-et-Loire.

Dicho depósito, pues, es el que asegura el servicio de la yeguada del Charolais y del del Forez.

Su efectivo (fuera de los caballos de tiro que no interesan este estudio), comprende animales de pura sangre, media sangre anglo-normandos, media sangre del Centro y trotadores.

Entre los reproductores que, desde hace un cuarto de siglo, se han hecho notar y cuyo nombre al figurar en un pedigree es

CAPITOLO II

RAZZE

Le Razze nazionali forniscono agli allevatori dei 1/2 sangue delle provinci del Centro della Francia, i riproduttori. Tre razze si dividono questa regione : Cluny, Annecy, Blois. Alcuni allevatori possiedono stalloni che citerò alla fine del capitolo dedicato ad ogni razza.

a) Razza di Cluny.

Nel 1807, fu creato un deposito di stalloni (Decreto imperiale : 4 di Luglio 1806). Fu al principio collocato in una grande fabbrica nel mezzo del paese poi fu trasferito nel 1817, nella parte dell' antico monastero dove risiede tutt'oggi.

Fino al 1874, contava solamente 46 stalloni ; oggi, il suo effettivo è più che triplicato.

Nella stagione di monta, gli stalloni sono repartiti nei dipartimenti del Rodano, Loira, Allier, Nièvre e Saona e Loira, cioè agli allevamenti del Charolais e del Forez.

L'effettivo di questo stabilimento comprende (senza parlare dei cavalli da tiro che non interessano questo lavoro) : cavalli di puro sangue, Anglo-Normanni, 1/2 sangue del Centro e trottatori.

Fra i cavalli piu famosi dei 25 ultimi anni ed il cui nome, segnato su un

Vollblut :

SORREAC, VITELLIUS, HORS-D'ŒUVRE, GILBERT, BIBERON, VIOLON II, IMPERATOR III, EASTMAN, RABAT-JOIE, MERRY-TEDDY, VLADIVOSTOCK, VICI, SAITAPHARNES, MANZANARES, GRILL-ROOM, SAINFOICROTTE, LE MAJORDOME, AMOUR-AMOUR, BISCAROSSE ; eine besondere Aufzeichnung haben in den letzten Jahren SAINT-CANNE, MARSAN, FAVONIO verdient.

Halbblut :

QUINTE-CURCE, UNICUS, DIVAN, BAILLEUL, EMIR, EPI D'OR, JOLI COEUR, JAGUAR, CHARMOY, CURGY, REMUS, RAFFINÉ, DACUS, HAUTPOUL (diese drei von Saint-Pair-du-Mont), GENTE, HORION, KIKI, KONAK, TAMSUI (Pl. XXI) und besonders BONNIER und INTENDANT.

Halbblut von Mittelfrankreich :

POUILLOUX, QUIBLER (Pl. XXII), POUF.

Traber (Halbblut) :

ICARE, KING, KUMMEL.

Eigenhengsthaltung. — Herr de Méru besasz bis 1924 einen Vollbluthengst MONSIEUR-JOURDAIN (von Winkfields-Pride), dessen Produkte ansehnliche Siege in Konkurrenzen errungen, und bei Rennen Qualität gezeigt haben. Herr Boyer besasz früher BISHOPSCOURT und ROMAN, die nachher von den Gestüten gekauft wurden.

In dem Departement der Loire haben einige Beschäler eine gute Nachkommenschaft hergestellt : MOSQUE (Vollblut ; Besitzer : Herr Balaÿ), ENDYMION und COKTAIL (Vollblut ; Besitzer : Herr Garnier), RIVOLI III (Vollblut ; Besitzer : Graf de Poncins), SOYEUX (Halbblut ; Besitzer : Herr Ory).

Zwei junge Vollblutbeschäler stehen noch am Anfang ihrer Laufbahn : CHAMPDOLLENT (Besitzer : Herr Balaÿ), LYNX-EYED (Besitzer : Herr de Vazelhes).

Thorough breds :

SORREAC, VITELLIUS, HORS D'ŒUVRE, GILBERT, BIBERON, VIOLON II, IMPERATOR III, EASTMAN, RABAT JOIE, MERRY TEDDY, VLADIVOSTOCK, VICI, SAITAPHARNES, MANZANARES, GRILL ROOM, SAINFOICROTTE, LE MAJORDOME, AMOUR AMOUR, BISCAROSSE and, in recent years, particularly SAINT CANNE, MARSAN and FAVONIO.

Half-breds :

QUINTE CURCE, UNICUS, DIVAN, BAILLEUL, EMIR, EPI D'OR, JOLI COEUR, JAGUAR, CHARMOY, CURGY, REMUS, RAFFINÉ, DACUS, HAUTPOUL (the three last ones by Saint Pair du Mont), GENTÉ, HORION, KIKI, KONAK, TAMSUI (pl. XXI), BONNIER and INTENDANT.

Centre of France half-breds :

POUILLOUX, QUIBLER, (pl. XXII), POUF.

Half-bred trotters :

ICARE, KING, KUMMEL.

Private Stallions. — Until 1924, M. de Méru had a thorough bred stallion MONSIEUR JOURDAIN (Winkfields Pride) whose stock was successful at Shows and Races.

M. Boyer at Paray le Monial had BISHOPSCOURT and ROMAN (bought since by the Government Studs).

In Loire, several stallions left traces which could be easily recognised : MOSQUE (th. b.) belonging to M. Balaÿ, ENDYMION and CAPTAIN COCKTAIL both thorough bred belonging to M. Garnier, RIVOLI III (th. b.) belonging to Vicomte de Poncins, SOYEUX (half-bred) to M. Ory.

Two young stallions are beginning to be known :

CHAMPDOLENT at M. Balaÿ's, LYNX EYED at M. de Vazelhes.

una garantía de calidad, debemos citar :

Caballos de pura sangre :

SORREAC, VITELLIUS, HORS-D'ŒUVRE, GILBERT, BIBERON, VIOLON II, IMPERATOR III, EASTMAN, RABAT-JOIE, MERRY-TEDDY, VLADIVOSTOCK, VICI, SAITAPHARNES, MANZANARES, GRILL-ROOM, SAINFOICROTTE, LE MAJORDOME, AMOUR-AMOUR, BISCAROSSE y, con mención especial, durante estos últimos años, SAINT-CANNE, MARSAN y FAVONIO.

Caballos de media sangre :

QUINTE-CURCE, UNICUS, DIVAN, BAILLEUL, EMIR, EPI-D'OR, JOLI-CŒUR, JAGUAR, CHARMOY, CURGY, REMUS, RAFFINÉ, DACUS, HAUTPOUL (aquellos tres últimos por Saint-Pair-du-Mont), GENTÉ, HORION, KIKI, KONAK, TAMSUI (pl. XXI) y con mención especial a BONNIER y INTENDANT.

Media sangre del Centro :

POUILLOUX, QUIBLER (pl. XXII), POUF.

Media sangre trotadores :

ICARE, KING, KUMMEL.

Reproductores privados. — En 1924, el Sr. de Meru tuvo un reproductor de pura sangre, MONSIEUR-JOURDAIN (Winkfields-Pride), cuyos productos fueron muy bien clasificados en concurso y probaron su calidad en carreras. El Sr. Boyer, en Paray-le-Monial, tuvo a BISHOPSCOURT y ROMAN (este último comprado después por el Depósito de sementales).

En el Loira, varios reproductores privados se han hecho notar : MOSQUE, p. s. del Sr. Balay ; ENDYMION, p. s. y CAPTAIN-COCKTAIL, p. s. del Sr. Garnier ; RIVOLI III, p. s. del vizconde de Poncins ; SOYEUX, m. s. del Sr. Ory.

Dos jóvenes reproductores de pura sangre inician su carrera :

CHAMPDOLENT, del Sr. Balay y LYNX-EYED, del Sr. de Vazelhes.

pedigree, è una garanzia, citeremo.

Cavalli di puro sangue :

SORREAC, VITELLIUS, HORS D'ŒUVRE, GILBERT, BIBERON, VIOLON II, IMPERATOR III, EASTMAN, RABAT JOIE, MERRY TEDDY, VLADIVOSTOCK, VICI, SAÏTAPHARNÈS, MANZANARES, GRILL-ROOM, SAINFOICROTTE, LE MAJORDOME, AMOUR AMOUR, BISCAROSSE, con una menzione speciale negli ultimi anni a SAINT CANNE, MARSAN, FAVONIO.

Cavalli de 1/2 sangue :

QUINTE CURCE, UNICUS, DIVAN, BAILLEUL, ÉMIR, EPI D'OR, JOLI COEUR, JAGUAR, CHARMOY, CURGY, REMUS, RAFFINE, DACUS, HAUTPOUL (questi tre ultimi da Saint Pair du Mont, p. s.), GENTÉ, HORION, KIKI, KONACK, TAMSUI, (pl. XXI) con una menzione speciale a BONNIER ed INTENDANT.

1/2 sangue del centro :

POUILLOUX, QUIBLER, (pl. XXII), POUF.

Trottatori :

ICARE, KING, KUMMEL.

Stalloni privati. — M. de Méru ha avuto fin al 1924 uno stallone puro sangue M. JOURDAIN (Winkfields Pride) i cui figli sono stati ben classificati nei Concorsi e hanno mostrato ottime qualità nelle Corse. M. Boyer a Paray le Monial ha avuto BISHOPSCOURT e ROMAN (comprato dalle Razze nazionali).

Nella Loira, stalloni privati hanno dato buonissimi prodotti : MOSQUE, p. s. di M. Balaÿ. ENDYMION, p. s. e CAPTAIN COCKTAIL (p. s.) di M. Garnier, RIVOLI III del Vicomte de Poncins, SOYEUX, di M. Ory. Due giovani stalloni : CHAMPDOLENT di M. Balaÿ, LYNX-EYED di M. de Vazelhes.

b) **Gestüt von Annecy.**

Durch ein kaiserliches Dekret von November 1809 gegründet, machte das Gestüt von Annecy das politische Miszgeschick des ersten Kaiserreiches mit. 1860 wurde es wieder französisch ; bis 1881 wardees in dem Gebäude des ehemaligen sardischen Gestütes untergebracht. Man baute zu dieser Zeit eine ganz neue und sehr gut eingerichtete Anstalt.

Annecy versieht die Dombe mit Beschälern : es werden dorthin ein Vollbluthengst englisch-arabischen Blutes ; ein Vollbluthengst und einige Halbbluthengste anglo-normannischen Blutes, sowie auch einige Deckhengste aus der Charente; Halbluthengste aus Mittelfrankreich und ein Traber geschickt.

Unter den Beschälern mit den besten Produkten können wir die folgenden erwähnen.

Englisch-arabisches Vollblut :

GANTELET (von Prisme) ; OUTARDEAU, OISEAU BLEU.

Halbblut :

CAPITALISTE, KHARTOUM, HOFFMAN, KNIGHT, JOBELIN, RALPH, QUEYMADERO, LABEDOYERE, MASTER-PERCY, PROMÉTHÉE, OPTIMISTE, KREIDER, PASSE-PARTOUT, und in besondere OURSON und GEMOZAC.

Halbblut von Mittelfrankreich :

QUALITÉ.

Traber :

QUATORZE (Halbblut).

Eigenhengsthaltung. — Ohne an die verschollene Zeit der « Société hippique de l'Ain » zu erinnern, erwähnen wir allein Beschäler von Herrn Durand : BASKIR (Vollblut), MARDI (Halbblut durch Fataliste, Vollblut), KORSAC (Halbblut), HUSSARD (Halbblut).

b) **Annecy Stud.**

Founded by Imperial Decree (November 1809) the Annecy Stud followed the political ups and downs of the Empire. It was recovered by France in 1860 and till 1881 occupied the buildings of the old Sardinian stud. At that time new and extremely well fitted buildings were constructed.

Annecy sends stallions to Dombe : an Anglo-Arabian thorough-bred, one thorough bred, some Anglo-Norman half-breds, some " Charentais " and " Centre ", and a trotter.

Among those which left Good stock let us name :

Anglo-Arabian thorough bred :

GANTELET (Prisme), OUTARDEAU, OISEAU BLEU.

Half-breds :

CAPITALISTE, KHARTOUM, HOFFMAN, KNIGHT, JOBELIN, RALPH, QUEYMADERO, LABÉDOYERE, MASTER PERCY, PROMÉTHÉE, OPTIMISTE, KREIDER, PASSE-PARTOUT and particularly OURSON and GEMOZAC.

Centre half-bred :

QUALITÉ.

Trotter :

QUATORZE.

Private Stallions. — Without going as far back as " la Société hippique de l'Ain " several stallions belonging to M. Durand have left a numerous stock :
BASKIR (th. b.), MARDI (half-b.) by Fataliste (t. b.), KORSAK, HUSSARD (both half-bred).

WAG (Herbageure ¹/₂ s. et fille de Sarrazin p. s.), né chez M. Demay à Montgivray (Indre). Acheté par M. Magnin, à Genève (Suisse). 1er Prix à Paris, Vichy, Charolles, Bourges. Prix d'honneur (Poids lourds) Paris 1927 et Vichy 1926.

Cliché S. U. I.

IDÉAL (Moret ¹/₂ s. et fille de Quimper ¹/₂ s.), né chez M. Chamtraud à Rezay (Cher). Acheté par M. Morel à la Pacaudière (Allier). 1er Prix à Paris, Vichy, Bourges. Prix d'honneur (Poids lourds) Concours Vichy 1927.

Cliché S. U. I.

HERMIONE (Merry-Teddy, p. s. et fille de Dalmenèche $^{1}/_{2}$ s.) (voir pl. XII). Une des plus brillantes lauréates d'épreuves d'extérieur (Paris, Vichy, Saumur).

Cliché S. U. I.

ASMODÉE (Ourson $^{1}/_{2}$ s. et fille de Ralph $^{1}/_{2}$ s.) (voir pl. XII). 1res épreuves d'extérieur concours de Paris et Vichy 1927.

Cliché Jean Delton, Paris

b) Depósito d'Annecy.

Creado por decreto imperial en noviembre de 1809, el depósito de Annecy siguió las vicisitudes políticas del fin del Primer Imperio. Volvió a Francia, en 1860, y ocupó hasta en 1881 los edificios del antiguo acaballadero sardo. Para esta fecha, se construyó un edificio enteramento nuevo y muy bien arreglado.

El depósito de Annecy es el que suministra los reproductores a la región de la Dombe. Le envía un pura sangre a. ár. ; un pura sangre, unos media sangre anglonormandos y charenteses, unos media sangre del Centro y un trotador.

Entre los animales que se han hecho notar en esta región, se pueden citar :

Caballos de pura sangre a. ár. :

GANTELET (Prisme), OUTARDEAU, OI-SEAU-BLEU.

Caballos de media sangre :

CAPITALISTE, KHARTOUM, HOFFMANN, KNIGHT, JOBELIN, RALPH, QUEYMADERO, LABEDOYERE, MASTER-PERCY, PROMÉ-THÉE, OPTIMISTE, KREIDER, PASSE-PAR-TOUT, y con una mención especial OURSON y GEMOZAC.

Caballos de media sangre del Centro :

QUALITÉ.

Caballos de media sangre trotadores :

QUATORZE.

Reproductores privados. — Sin remontar a los tiempos de la Sociedad Hípica del Ain, varios reproductores del Sr. Durand se han hecho notar. Éstos son :

BASKIR, p. s., MARDI por Fataliste, p. s. ; KORSAC, m. s. ; HUSSARD, m. s.

El Sr. Croizet, en Châles, tuvo un reproductor de pura sangre ar., MANES que reprodujo bien. Citemos también el repro-

b) Razza d'Annecy.

Fondata da un Decreto Imperiale nel Novembre 1809, ha seguito le vicende della fine del Impero ; Ritornò alla Francia nel 1860 ove occupò l'edifizio dell' antica Razza Sarda fino al 1881 ; allora fu fatto uno stabilimento nuovo a molto bene corredato. Annecy mando riproduttori nella Dombe, un puro sangue angloarabo, un puro sangue, dei mezzo sangue Anglo-Normanni e « Charentais » dei cavalli del Centro e un trottatore.

Tra i cavalli migliori citiamo :

Cavalli di puro sangue. A. arabi :

GANTELET (Prisme), OUTARDEAU, OI-SEAU BLEU.

Cavalli di 1/2 sangue :

CAPITALISTE, KARTHOUM, HOFFMAN, KNIGHT, JOBELIN, RALPH, QUEYMADERO, LABEDOYÈRE, MASTER PERCY, PROME-THEE, OPTIMISTE, KREIDER, PASSE PAR-TOUT, e con una menzione speciale OUR-SON e GEMOZAC.

Cavallo del Centro :

QUALITÉ.

Trottatore :

QUATORZE.

Stalloni privati. — Senza tornare ai tempi della « Société hippique dell'Ain » parecchi stalloni di M. Durand hanno lasciato buona fama :

BASKIR, p. s., MARDI, 1/2 s. (Fataliste, p. s.), KORSAC, 1/2 s., HUSSARD, 1/2 s.

M. Crozet a Chales ha avuto un eccellente stallone : MANÈS.

Citiamo ancora lo stallone trottatore

Herr Crozet besasz einen arabischen Beschäler, MANES (Vollblut), dessen Produkte bekannt wurden. Wir möchten noch JUPITER (Traber : Besitzerin; Frau Witwe Edouard, in Thoissey).

M. Crozet at Chales has had an Arabian thorough-bred (MANES) which was a very prolific sire. Mention must also be made of : JUPITER, a trotter belonging to Mme Edouard at Thoissey.

c) Gestüt von Blois.

Dieses Gestüt, das 1880 in dem heutigen Gebäude untergebracht wurde, verschafft Berry mit Beschälern. Es schickt so zwei Vollbluthengste, einen arabischen Vollbluthengst, anglo-normannische Beschäler und Traber.

Unter den besten erwähnen wir :

Vollblut :

SAINT - ARMEL, BONHEUR - DU - JOUR, IDEAL IV, LE PRODIGUE.

Arabisches Vollblut :

KOSA.

Halbblut :

MADAR, JOURDAN, EXMOUTH, MARIGNY (Pl. XXII), MORET, CYCLONE.

Eigenhengsthaltung :

BIRTHDAY-SONG (Vollblut ; Besitzer : Herr Morel) ; HENRI IV (Traber ; Besitzer : Herr Perrot, in Laguerche).

c) Blois Stud.

This Stud (established in 1880) sends stallions to Berry : two thorough breds one Arabian thorough bred, Anglo-Norman half breds and trotters.

Thorough breds :

SAINT ARMEL, BONHEUR DU JOUR, IDEAL IV, LE PRODIGUE.

Arabian thorough bred :

KOSA.

Half-breds :

MADAR, JOURDAN EXMOUTH, MARIGNY (pl. XXII), MORET, CYCLONE.

Private Stallions. — BIRTHDAY-SONG, thorough bred (M. Morel), HENRY IV, trotter (M. Perrot at Laguerche).

ductor trotador Jupiter, de la Sra. viuda de Edouard, en Thoissey.

c) Depósito de Blois.

El depósito de Blois (cuya construcción data de 1880) es el que suministra los reproductores del Berry. Envía a esta región dos pura sangre un pura sangre ár. algunos media sangre anglo-normandos y trotadores.

Entre los reproductores con más descendencia citaremos :

Caballos de pura sangre :

Saint-Armel, Bonheur du Jour, Ideal IV Le Prodigue.

Caballos de pura sangre árabe :

Kosa.

Caballos de media sangre :

Madar, Jourdan, Exmouth, Marigny (pl. XXII), Moret, Cyclone.

Reproductores privados. — Citemos : Birthday-Song, p. s. del Sr. Morel; Henri IV, trotador, del Sr. Perrot, en Laguerche.

Jupiter di Mme veuve Edouard a Thoissey.

c) Razza di Blois.

Fornisce gli stalloni del Berry. Manda in quella regione due p. s., un p. s. Arabo, Anglo-Normanni e trottatori. Fra i migliori stalloni citeremo

Cavalli di puro sangue :

Saint Armel, Bonheur du Jour, Idéal IV, Le Prodigue.

Cavalli di p. s. Arabi :

Kosa.

Cavalli di 1/2 s. :

Madar, Jourdan, Exmouth, Marigny (pl. XXII), Moret, Cyclone.

Stalloni privati. — Citiamo Birthday-Song, p. s. di M. Morel, Henri IV, trottatore di M. Perrot a Laguerche.

KAPITEL III

EIN FÜHRER FÜR DEN KÄUFER : FAHRSCHULEN, KONKURREZEN

Der Käufer, der gleich ein Pferd zu haben wünscht, soll sich an Fahrschulen wenden. Wenn er es aber nicht eilig hat, so ist es besser für ihn, auf Konkurrenzen für Sattelpferde zu warten, wo er zahlreiche Tiere in den 3 Gangarten und beim Springen betrachten kann.

FARSCHULEN

Die Fahrschulen sind die notwendigen Hilfsmittel des Züchters, der junge Pferde geltend machen und vorführen will. An diese Schulen wendet sich fast immer der Züchter, der gewöhnlich nicht genügendes Personal und Material besitzt, um die Fohlen gelenkig zu machen.

Vorführung der Tiere in den Konkurrenzen, Vorbereitung für Halbblutprüfungen, das sind Sachen der Fahrschulen. Daher kennen die Fahrschulenbesitzer aufs beste die Pferde der Umgebung : den Liebhabern können sie gute Auskünfte geben. Ich möchte die folgenden erwähnen.

Saône-und-Loire. — Die wichtigste Fahrschule gehört Herrn François Chevalier, (in Charolles), einem zugleich wichtigen Züchter, bei dem einige seiner heutigen Pensionäre geboren wurden.

Diese Schule hat eine Filiale in Moulins, wo unter der Leitung von Maurice

CHAPTER III

BUYER'S GUIDE BREAKING-SCHOOL. SHOWS

A buyer who wants a horse at once should apply to the Breaking-in Schools; but if he is in no hurry he must wait until the dates of Horse-Shows and then he will see many horses shown in the three classes and in jumping competitions.

BREAKING-IN SCHOOLS

These are essential to breeders who want to break in and show horses, as they have not generally the servants and apparatus required for that purpose.

The object of Breaking-in Schools being to show the horses and to prepare them for Tournaments and Races, the trainers know better than anybody else the horses of the district and are able to give any particulars to the buyers.

I shall give a list of those Schools :

Saône-et-Loire. — The most important is M. Chevalier's at Charolles. He is also a great breeder and many horses were foaled in his school. Charolles School has a Branch-establishment at Moulins directed by Maurice Mouley, where horses are trained on the sandy ring of the race-ground.

At Génelard, M. Claude Delorme's

CAPÍTULO TERCERO

GUÍA DE COMPRADOR
ESCUELAS DE DOMA CONCURSOS

Un comprador deseoso de adquirir en seguida un animal en servicio tiene interés en dirigirse a las escuelas de domato. Pero, si no tiene prisa será mejor para él esperar la fecha de los concursos de caballos de silla, donde puede ver un lote de caballos presentados en los tres aires 'así como en los obstáculos.

ESCUELAS DE DOMA

Las escuelas de doma son el auxiliar indispensable del ganadero para la valoración y la exhibición de los jóvenes caballos. Casi siempre a ellas se dirige el ganadero quien, por lo general, no tiene el personal ni el material necesario para la doma de los potros.

Exhibición en concursos, preparación a las pruebas de media sangre, son cosas que conciernen a las escuelas de adiestramiento.

Por eso, los domadores conocen mejor que nadie el conjunto de la población caballar de su región y pueden dar datos a los aficionados. Voy a dar la lista de aquellos establecimientos.

Saône-et-Loire. — La escuela de doma más importante es la del Sr. François Chevalier, en Charolles. Este último es, al mismo tiempo, un ganadero muy importante y ha criado a varios de sus pensionistas. La escuela de Charolles

CAPITOLO III

GUIDA DEL COMPRATORE
SCUOLE D'ALLEVAMENTO
CONCORSI

Un compratore desidoroso di avere subito un buon cavallo di servizio deve ricorrere alle scuole. Ma, sarebbe preferibile aspettare il tempo dei Concorsi dove potrebbe vedere una quantità di cavalli presentati nelle differenti andature e nelle corse con ostacoli.

SCUOLE DI AMMAESTRAMENTO

Le Scuole sono l'aiuto indispensabile all'allevatore che generalmente non ha gl'impiegati ed i mezzi necessari per fare l'ammaestramento dei puledri.

Le Scuole fanno la presentazione e la preparazione dei cavalli di 1/2 sangue pei Concorsi. I domatori conoscono, meglio di tutti, i cavalli della regione e possono informare i compratori. Daro l'elenco delle Scuole.

Saona e Loira. — La Scuola piu importante di ammaestramento è quella di M. F. Chevalier a Charolles. Egli alleva e istruisce i puledri nati anche nelle sue stalle.

Una Sezione di questa scuola risiede a Moulins, diretta da M. Mouley dove sono preparati sopra eccellenti piste di sabbia

Mouley auf ausgezeichneten Bahnen aus Sand die Pferde für Halbblutrennen auf ebener Bahn und Querfeldeinrennen zugeritten werden.

In Génelard bereitet die Schule von Herrn Claude Delorme für Konkurrenzen und Rennen ; sie gebraucht die Bahn und Geländer, die der Herr Marquis de Croix in seinem Park hat anlegen lassen. Herr Delorme ist zugleich Züchter und Dressierer.

Erwähnen wir noch :

Herrn Juif, François, in Cluny ; Rieu, Claudius, in Cluny ; Rieu, Joanny, in Cluny ; Baccaud, Henri, in Bourbon-Lancy ; Servy, Claude, in Blanzy ; Puzenat, in Paray-le-Monial ; Becque, in Toulon-s.-Arroux.

Allier. — Herrn Thomas, Pierre, in Avermes (bei Moulins) ; Chartier, in Varennes-sur-Allier.

Nièvre. — Herr Baccaud, Camille, in Cercy-la-Tour.

Cher. — Drei Fahrschulen führen die Pferde des Tals von Germigny vor, nämlich die von Herrn Clemençon, in Nérondes ; Bacot, Louis, in Laguerche ; Guyollot, in Le Guétin.

Herr Bacot führt einige Sattelpferde vor, er beschäftigt sich hauptsächlich mit groszem Erfolg mit der Vorführung von gespannten Pferden, die zweierlei Dienste leisten können.

Herr Clemençon dressiert Wagenpferde ; aber er bereitet hauptsächlich für Konkurrenzen und Rennen. Dafür benutzt er die Bahn von Herrn Perrot, in La Guerche, und die Geländer des Grafen de Gourcuff.

Ain. — Mehre Schulen haben wir in der Dombe zu nennen, vor allem die von Herrn Pallordet, in Saint-Triviers-sur-Moignans ; Baudequin, in Thoissey ; Moissonnier, in Bourg.

school prepares also for shows and Races. They use the race-course which Marquis de Croix has made in his grounds.

M. Delorme is also both breeder and trainer.

Other schools are :

MM. Juif François at Cluny, Rieu Claudius at Cluny, Rieu Joanny at Cluny, Baccaud Henri at Bourbon Lancy, Servy Claude at Blanzy, Puzenat at Paray le Monial, Becque at Toulon sur Arroux.

Allier. — MM. Thomas Pierre at Avermes (near Moulins), Chartier at Varennes sur Allier.

Nièvre. — M. Baccaud Camille at Cercy la Tour.

Cher. — Three breaking in Schools prepare the Germigny horses. Those of. MM. Clémençon at Nérondes, Bacot Louis at Laguerche, Guyollot at Le Guétin.

M. Bacot breaks saddle horses but more specially and successfully the local horses which are both saddle horses and carriage horses.

M. Clémençon breaks carriage horses but mostly race horses. He uses for that both M. Perrot's and Vicomte de Gourcuff's racing-grounds.

Ain. — Several breaking-in Schools must be named : the most important is M. Blanchet at Villars les Dombes.

There follow : MM. Pallordet at Saint Trivier sur Moignans, Beaudequin at Thoissey, Moissonier at Bourg ; M. Berger at Marlieux breaks a few horses.

tiene una sucursal en Moulins, en donde, bajo la dirección del Sr. Maurice Mouley, son preparados, en las excelentes pistas de arena del campo de carreras, los caballos destinados a las carreras de media sangre en llano y a los cross.

En Génelard, la escuela del Sr. Claude Delorme prepara igualmente para los concursos y para las carreras. Utiliza la pista y el recorrido de obstáculos que el Marqués de Croix ha trazado en su parque. Como el Sr. Chevalier, el Sr. Delorme es a la vez ganadero y domador.

Citemos las otras escuelas de :

Los Srs. Juif, en Cluny ; Rieu Claudius, en Cluny ; Rieu Joanny, en Cluny ; Baccaud Henri, en Bourbon-Lancy ; Servy Claude, en Blanzy ; Puzenat, en Paray-le-Monial ; Becque, en Toulon-sur-Arroux.

Allier. — Los Srs. Thomas Pierre, en Avernes (por Moulins) ; Chartier, en Varennes-sur-Allier.

Nièvre. — El Sr. Baccaud, Camille, en Cercy-la-Tour.

Cher. — Tres escuelas de doma valorizan los caballos del valle de Germigny. Las de los Srs. Clemençon, en Nérondes; Bacot Louis, en Laguerche ; Gurollot, en Guétin.

El Sr. Bacot presenta algunos caballos de montar y se ocupa sobre todo y con mucho éxito, de la exhibición de caballos del país para uso doble.

El Sr. Clemençon que adiestra también para los coches, prepara sobre todo para los concursos y las carreras. Para esta última preparación, utiliza la pista del Sr. Perrot, en Laguerche y el terreno de obstáculos del vizconde de Gourcuff.

Ain. — Varias escuelas de doma deben ser señaladas en la Dombe. La más importante es la del : Sr. Blanchet, en Villars-les-Dombes.

Luego las de :

e nel campo delle corse i cavalli destinati alle Corse di steeple e cross.

A Génelard, la scuola di M. Claude Delorme prepara ai Concorsi e alle Corse. Egli si serve del percorso di ostacoli che il marchese de Croix ha costruito nel suo parco :

M. Delorme è allevatore e doma. Le altre scuole sono :

MM. Juif François a Cluny, Rieu Claudius a Cluny, Rieu Joanny a Cluny, Baccaud Henri a Bourbon Lancy, Servy Claude a Blanzy, Puzenat a Paray le Monial, Becque a Toulon s / Arroux.

Allier. — Thomas Pierre a Avermes, Charlier a Varennes s / Allier.

Nièvre. — Baccaud Camille a Cercy la Tour.

Cher. — Nella valle di Germigny vi sono tre scuole di allevamento ; quelle di :

MM. Clémençon a Nérondes, Bacot a Laguerche, Guyollot a Le Guétin.

M. Bacot si occupa dei cavalli da sella, ma specialmente e con successo dei cavalli da tiro.

M. Clemençon si occupa dei cavalli da tiro ma sopra tutto prepara cavalli da sella per i Concorsi e le Corse servendosi del Campo di corse di M. Perrot a Laguerche e degli ostacoli del Visconte di Gourcuff.

Ain. — E doveroso parlare di alcune scuole nella Dombe. La piu importante è quella di M. Blanchet a Villars les Dombes.

Secondariamente le scuole di :

MM. Pallordet a Saint Trivier s / Moignans, Baudequin a Thoissey, Moissonier a Bourg.

*

Herr Berger, in Marlieux, führt auch einige Pferde vor.

Notwendigkeit der Fahrschulen. — Am Schlusz dieser Aufzählung kann ich unmöglich die Dienste nicht betonen, die die Fahrschulen der Zucht leisten : ohne sie könnte kein Kleinzüchter seine Pferde feilbieten. Sie allein machen die Produkte einer Gegend geltend ; ihnen verdankt man den Hauptteil der geschlossenen Händel.

Die ihnen von der « Société hippique française » bewiesenen Ermunterungen sind unentbehrlich.

KONKURRENZEN

Der Liebhaber würde wohl tun, die Konkurrenzen regelmäszig zu besuchen, wo er die erwünschten Typen sehen und wählen kann. Wünscht er ein schon zugerittenes Tier von 3 bis 6 Jahren, so wird er es in Konkurrenzen für Sattelpferde finden ; wünscht er hingegen zu züchtende Fohlen und künftige Mutterstuten, so wird er in den Prüfungen für Zuchtprodukte sein Verlangen befriedigen können.

KONKURRENZEN FÜR SATTEL-PFERDE. — In solchen Konkurrenzen werden die Tiere in den drei Gangarten vorgeführt, und nachher ohne Geschirr geprüft : da kann man also den Typus und sein Benehmen am besten schätzen.

Die Prüfungen im Freien laszen die Geschicklichkeit der Tiere in Geländerrennen meszen. Auf einigen Rennbahnen werden in selbem Tage mehrere Querfeldeinrennen veranstaltet; die kann ein Liebhaber nicht ohne Nutzen beschauen. Ich möchte diese verschiedenen Rennen erwähnen

KONKURRENZEN DER GESTÜT-VERWALTUNG. — Sie werden alljährlich für Dreijährige veranstaltet : in

The services rendered by Breaking-in Schools. — Are very great as, without the Schools, it would be impossible for small breeders to train their horses. Thanks to them, the horses bred in our province are shown and through them most of the bargains are made.

The " Société Hippique " is quite right to encourage them as they are very useful·

HORSE-SHOWS

A would-be purchaser is recommended to go to Shows where he can see and choose the animal, according to the type he wishes. If he desires broken-in horses (3 to 6 years old) he will find them at races for saddled-horses ; if he wants colts to be broken or fillys to become breeding-mares, he had better go to the most important of stud shows.

SADDLE-HORSES. — In Shows for saddle horses the animals are ridden and shown in the three classes, then examined without a saddle ; thus their looks and action can be judged.

The " Épreuves d'extérieur " provide a test of their jumping powers.

In some hippodromes several cross-country are run, on the same day, which an amateur could follow with much profit.

SHOWS ORGANIZED BY THE ADMINISTRATION OF STUDS. — These are shows for 3 years olds, and are an annual event :

Los Srs. Pallordet, en Saint-Trivier-s.-Moignans ; Beaudequin, en Thoissey ; Moissonnier, en Bourg.

El Sr. Berger, en Marlieux, presenta igualmente algunos caballos.

Utilidad de las escuelas de doma. — Al terminar esta nomenclatura, he de insistir sobre los servicios que prestan a la ganaderiá las escuelas de doma, sin las cuales los pequeños ganaderos no podrían utilizar sus caballos. Gracias a ellas, se valoriza la cría de una región y se hacen la mayor parte de las transacciones.

Los estímulos dados por la Sociedad Hípica francesa son de primera utilidad.

M. Berger a Marlieux presenta egualmente qualche cavallo.

Utilità delle scuole. — Questi allevamenti da me citati sono di grande utilità e non posso abbastanza lodare i servizi che le scuole rendono ai piccoli allevatori che senza di queste, non potrebbero scegliere i loro cavalli.

Esse mettono in valore l'allevamento di ogni paese e per il loro mezzo si fanno quasi tutte le transazioni. Gl'incoraggiamenti dati dalla Société Hippique Française sono molto utili.

CONCURSOS

El aficionado a los caballos tiene ventaja en seguir los concursos en los que puede ver y escoger los sujetos del tipo deseado. Si quiere animales ya montados — de tres o seis años — los encontrará en los concursos de silla ; al contrario, si desea potros o futuras yeguas reproductoras para criarlos, encontrarálos en los concursos de reproducción más importantes.

CONCURSOS DE SILLA. — En los concursos de caballos de montar, los animales son presentados montados en los tres aires diferentes y luego examinados en pelo ; así es como se pueden apreciar mejor el modelo y las acciones.

Las pruebas de exterior permitirán juzgar de la destreza de los animales frente al obstáculo. En fin, en ciertos hipódromos, se corren en el mismo día varios cross de media sangre que puede seguir un aficionado con mucho provecho. Voy a enumerar estas diferentes reuniones :

CONCORSI

L'amatore di cavalli trova suo vantaggio andando ai Concorsi dove puo vedere e scegliere il tipo di cavallo che desidera. Se ricerca cavalli gia domati (3 a 6 anni) li trovera nei Concorsi di cavalli da sella ; se, invece, desidera puledri o puledre da domare, troverà quel che gli occorre nei Concorsi importanti d'animali riproduttori.

CONCORSI DI CAVALLI DA SELLA. — I cavalli vengono presentati, nelle tre andature, poi esaminati senza sella ; e per ciò possono essere apprezzati sia nel loro fisico che nei loro movimenti.

Le « Épreuves d'extérieur » fanno giudicare il cavallo sugli ostacoli ; in alcuni ippodromi si corrono parecchie corse di « Cross » nello stesso giorno.

I principali concorsi sono :

CONCORSI DELL'AMMINISTRA-

Charolles, in Mai ; in Departement des Ains, in Mai (nicht immer am selben Ort ; siehe Verzeichnisz) ; in Bourges, in August.

At Charolles in May.

In Ain in may at different places (See Summary).

At Bourges in August.

SOCIÉTÉ HIPPIQUE FRANÇAISE

In den von ihr veranstalteten Konkurrenzen kann man aufs beste die Eignung der Pferde von 3 bis 6 Jahren schätzen.

1º. Konkurrenzen von Vichy.

Diese Gesellschaft veranstaltet in Vichy von 23. Juni bis zum 6. Juli eine wichtige Prüfung mit :
Konkurrenzen für dreijährige Sattelpferde.
Konkurrenzen für vierjährige Sattelpferde.
Konkurrenzen für fünf- und sechsjährige Sattelpferde.
Prüfungen im Freien für vier-, fünf- oder sechsjährige Pferde.
Geländerritten für französische Tiere.
International en Geländerritten für ausländische Pferde.
Zur selben Zeit findet auch ein Renntag auf den Rennbahnen von Vichy statt, welcher fast einzig und allein Prüfungen für Halbblutpferde gewidmet ist.
Im Laufe des Turniers von Vichy ist also ein Liebhaber imstande, die Halbblutproduktion Mittelrankreichs in jeder Hinsicht zu prüfen ; die schönsten Typen kann er an der Arbeit, in den drei Gangarten beschauen, sowie er sie auch da in Geländerritten, in Rennen auf ebener Bahn, und Querfeldeinrennen zu schätzen vermag. Die « Société hippique française » besitzt in Vichy eine wunderbae Einrichtung mitten in einem Rahmen, der an Dublin erinnert. Die weite Bahn mit natürlichen Hindernissen steht den Lieb-

SOCIÉTÉ HIPPIQUE FRANÇAISE

It is certainly in the S. H. F. shows that all the qualities of horses from three to six years old can be best judged.

1º. Vichy Horse-Show.

That " Société " gives at Vichy (end of June and beginning of July) an important Show :

Saddle horses Show (3 years old).
Saddle horses Show (4 years old).
Saddle horses Show (5 ou 6 years old).

" Epreuves d'extérieur " for 4 to 6 years old.

Competitions for French horses.

International Jumping-Competitions for every class of horse.

This important meeting is followed by races (in Vichy hippodrome) : one day's racing is wholly given to half bred horses (flat and cross-country).

Then a purchaser can, during the Vichy Horse-show appreciate in every respect the production of the " Centre " half-bred horses.

The S. H. F. has a marvellously well-fitted establishment, with surroundings like those of Dublin. The large grounds may be used by the amateurs who want to try horses ; and the stables, being next to the race grounds, the buyer can see,

CASA BLANCA (Tamsui $^1/_2$ s. et Euménide p. s. par Favonio p. s.), né chez M. Gautherin, à Mornay (S.-et-L.). Lauréat des concours de Charolles, Vichy, Fontainebleau, prix d'honneur (Poids moyens, 3 ans) Vichy 1927.

Cliché S. U. I.

TAMSUI (Karikal $^1/_2$ s. et Chicago $^1/_2$ s.), étalon de $^1/_2$ sang Anglo-Normand. Un des meilleurs géniteurs du Haras de Cluny. Père de Casablanca.

Cliché S. U. I.

QUIBLER (Eastman p. s. et Joyeuse par Raffiné $^{1}/_{2}$ s.), né chez M. Jacques Grivaud à Azu (S.-et-L.), étalon de $^{1}/_{2}$ s. du centre. Un des meilleurs géniteurs du Haras de Cluny. Père de Vedette et du Bon Fridolin.

Cliché S. U. I.

MARIGNY (Hisse-toi vite $^{1}/_{2}$ s. et Rempart $^{1}/_{2}$ s.), étalon du Haras de Blois. Père d'excellents cobs du Berry.

Cliché S. U. I.

CONCURSOS DE LA ADMINISTRACIÓN DE LOS DEPOSITÓS DE SEMENTALES. — Éstos son concursos para caballos de tres años, que se verifican cada año :

En Charolles, en mayo ; en el Ain (centro variable) (ver cuadro) ; en Bourges, en agosto.

ZIONE DELLE RAZZE. — Ogni anno pei cavalli di 3 anni :

A Charolles nel Maggio ; nell'Ain nel Maggio (centro variabile, v. tav.) ; a Bourges nel Agosto.

SOCIEDAD HIPICA FRANCESA

SOCIÉTÉ HIPPIQUE FRANÇAISE

En los concursos de la Sociedad Hípica Francesa es donde se puede juzgar mejor el conjunto de las aptitudes de los caballos de toda edad (3 a 6 años).

Nei Concorsi della S. H. F. si giudicano benissimo le qualità dei nostri cavalli di tutte le età (da 3 a 6).

1º. Concurso de Vichy.

1º. Concorso di Vichy.

Esa Sociedad, organiza en Vichy, desde el 23 de junio hasta el 6 de julio, un concurso muy importante que comprende :

Concurso de caballos de silla para caballos de tres años.

Concurso de caballos de silla para caballos de cuatro años.

Concurso de caballos de silla para caballos de cinco y seis años.

Pruebas de exterior en terrenos diversos para caballos de cuatro a seis años.

Pruebas de obstáculos para caballos franceses y

Pruebas de obstáculos internacionales para caballos de todo origen.

A esa muy completa reunión se añade nn día de carreras en en Hipódromo de Vichy, día casi únicamente consagrado a las pruebas de caballos de media sangre. (llano y cross country.)

Un aficionado puede pues, durante la duración del Concurso Hípico de Vichy, apreciar, bajo todos sus aspectos, la producción de los caballos de media sangre del Centro de Francia. Puede ver los animales trabajando en los tres aires

Questa Società promuove un importante Concorso a Vichy (alla fine di Giugno e principio di Luglio) che comprende :

Concorso di cavalli da sella (3 anni).

Concorso di cavalli da sella (4 anni).

Concorso di cavalli da sella (5 a 6 anni).

« Épreuves d'extérieur » su terreno scabroso pei cavalli di 4 a 6 anni.

Prove con ostacoli per cavalli francesi.

Prove internazionali con ostacoli per ogni sorte di cavalli.

Questa riunione è completa perchè è accompagnata da una giornata di corse (nell'ippodromo di Vichy) corse di « steeple » e « cross-country », quasi riservate ai cavalli di mezza sangue.

Un appassionato in quella settimana può giudicare sotto tutti i rapporti la

habern morgens und abends zu Verfügung, wenn sie Pferde probieren wollen.

Die Ställe stehen dicht neben der Bahn : so kann der Liebhaber ohne Mühe, je nach Belieben, d e Pferde sehen, sie vor sich reiten laszen, oder auf der Bahn sie selber prüfen. Von allen Turnieren der Umgebung ist dies das interessanteste, dem man folgen kann, und auch das praktischste, um Pferde zu sehen und zu probieren. Die Bahn miszt 4 Ha.

Die Pferde Mittelfrankreichs kann man auch in der von 22. März bis zum 12. April in Paris von der « Société hippique française » veranstalteten Zentralkonkurrenz.

examine and try the horses without having to go elsewhere.

It is certainly the most complete and interesting meeting in our part of the country ; the grounds being ten acres large are very convenient to try the horses.

The " Centre " horses may be seen also in Paris (from March 22nd to April 12th).

2º. Pariser Zentralkonkurrenz.

Auf dem Pariser Zentralturnier erlauben Prüfungen für Sattelpferde und Geländerritte in dem » Grand Palais des Champs-Elysées», und Prüfungen im Freien in Bagatelles, in dem Bois de Boulogne, die Eigenschaften der Pferde Mittelfrankreichs und der Produkte anderer französischer Zuchtgebiete zu schätzen.

2º. Paris Central Horse-Show.

There are jumping-competitions at the Grand Palais and races at Bagatelle, which make a complete and interesting series of shows.

3º. Konkurrenzen von Bordeaux, Nantes und Dauville.

Die « Société hippique française » veranstaltet auch jedes Jahr Konkurrenzen in den Hauptzuchtgebieten :

1. Hälfte Februar, in Bordeaux, wo man die so kräftigen und blutstrotzenden englisch-arabischen Pferde bewundern kann.

1. Hälfte März, in Nantes für Pferde aus der Bretagne und aus der Vendee, deren Qualität jeden Tag mehr hervortritt.

Ende August, in Deauville für die herrliche Produktion der so schönen Zucht der Normandie. Das Datum dieser letzten Konkurrenz fält mit dem des Groszen Preises in Deauville zusammen.

3º. Bordeaux, Nantes, Deauville. Horse-Shows.

The S. H. F. has also Competitions in the principal Breeding-Centres :

At Bordeaux (1st fortnight of February) for the hot-blooded and energetic anglo-arabian horses.

At Nantes (1st fortnight of March) for the horses of Brittany and Vendée, whose quality can be verified every day.

At Deauville (end of August) for the magnificent horses of our famous norman breeding. This last Competition at the time of Deauville " Grand Prix ".

y apreciarlas frente a los obstáculos en terrenos diversos y en carreras de llano y cross-country.

La Sociedad Hípica Francesa, posee en Vichy una instalación maravillosa situada en un cuadro semejante al de Dublin. El vasto terreno del concurso de Vichy, con obstáculos naturales, está puesto, mañana y tarde, a la disposición de los aficionados que quieren probar caballos. Las caballerizas están próximas al terreno y el aficionado puede, a su gusto, y sin moverse, ver los caballos, hacérselos presentar y ensayarlos en el terreno mismo. Esa reunión es de toda la región la más completa, la más interesante y la más práctica para ver y probar los caballos. El vasto terreno del concurso tiene una superficie de cuatro hectáreas.

Los caballos del centro pueden ser apreciados igualmente en el concurso central de París, organizado por la Sociedad Hípica Francesa, que se verifica desde el 22 de marzo hasta el 12 de abril.

2º. Concurso central de París.

El en Concurso Central Hípico de Pars, las presentaciones de silla y pruebas de obstáculos en el Grand-Palais de los Campos-Elíseos, las pruebas de exterior en el terreno de Bagatelle, en el Bosque de Boloña, forman un conjunto muy completo de presentación que permite apreciar las cualidades de los caballos del Centro y de los productos de las otras regiones de crianza de Francia.

3º. Concursos de Burdeos, Nantes, Deauville.

La Sociedad Hípica Francesa organiza también, cada año, concursos en todos los centros de crianza :

Primera quincena de Febrero : en Bur-

produzione di cavalli di sangue del Centro della Francia. Puo vedere i piu bei tipi nelle tre andature, sugli ostacoli, su un terreno scabroso e nelle corse.

La S. H. F. ha, a Vichy, uno stabilimento maraviglioso, simile a quello di Dublino. Il vasto terreno del Concorso è da mattino a sera, a disposizione degli appassionati che desiderano provare i cavalli. Le scuderie sono vicine al campo, e si puo, vedere i cavalli, farseli presentare e provarli sulla pista questo terreno ha una superficie di quattro ettari.

E la riunione piu interessante e perfetta per giudicare e provare i cavalli.

I cavalli del Centro possono anche essere veduti al Concorso centrale di Parigi (dal 22 di Marzo al 12 di Aprile).

2º. Concorso Centrale di Parigi.

Presentazione di cavalli da sella e salti d'ostacoli al « Grand Palais » e corse a Bagatelle ; questa riunione forma un complesso interessante, che permette di apprezzare le qualità dei cavalli del centroe delle altre regioni della Francia.

3º. Concorsi di Bordeaux, Nantes, Deauville.

La S. H. F. organizza egualmente, ogni anno, concorsi nei principali centri di allevamento.

A Bordeaux (prima quindicina di Feb-

Für nähere Auskünfte wird man sich an die folgende Adresse wenden : Bureaux de la Société hippique française, 26, *rue Brunel, Paris, 17e*.

For particulars apply : 26, *rue Brunel, Paris, 17e*.

KONKURRENZEN DER « SOCIÉTÉ DU CHEVAL DE GUERRE ». — Es sind Prüfungen und Konkurrenzen im Freien für drei- und vierjährige Pferde, die in Paray-le-Monial auf schönen Bahn für der querfeldeinrennen stattfinden,
Prämiierungen für Sattelpferde : Charolles, Ende Mai.
Konkurrenzen in Freien : Paray-le-Monial ; am Tage nach den Konkurrenzen von Charolles (Kriegspferde).
Auskunft : 43, rue Lisbonne, Paris.

SOCIÉTÉ DU CHEVAL DE GUERRE. — Shows for horses 3 or 4 years old, followed by races on the pretty race-course in Paray le Monial. At Charolles : Saddle horses show at the end of May ; at Paray le Monial, races on the day after the Show.
For particulars apply : 43, rue de Lisbonne, Paris, 8e.

SOCIÉTÉ HIPPIQUE DU BERRY. — Diese Gesellschaft veranstaltet in Bourges Anfang August Konkurrenzen für vier-, fünf-, und sechsjährige Sattelpferde und Geländerritte, welche mit den obengenannten Prämiierungen der Gestüte zusammenfallen. Es ist ein wichtiges Turnier. Auf einem der Rennbahn nahliegenden Platz können die Pferde probiert werden.

SOCIÉTÉ HIPPIQUE DU BERRY. — It gives at Bourges, in the beginning of August, at the same time as the Stud-horses Show, a show of saddle horses and provides jumping competitions for 4-5 or 6 year old horses.
It is an important meeting : the horses may be tried on grounds next to the race-course.

KONKURRENZ VON LAGUERCHE. — Auf dieser Konkurrenz, an der nur Pferde aus dem Departement des Chers teilnehmen dürfen, erscheinen Sattel- und Wagenpferde von Berry. Dieses an der Zahl wohl beschränkte, jedoch an schönen Pferden reiche Turnier, findet Mitte September statt, und fällt mit zwei Renntagen zusammen, wo in Querfeldeinrennen auf einer vollkommenen Geländerbahn das Halbblutpferd Mittelfrankreichs in Geltung kommt.

LAGUERCHE SHOW. — Exclusively for Berry horses. There they can be seen saddled and between the shafts. Their number is rather limited but there are generally excellent ones. The show takes place in the middle of September at the same time as the races which are run on a perfect race-course and give an opportunity for appreciating the Cher horses as jumpers.

PRÜFUNGEN VON CHALAMONT (AIN). — Ende August veranstaltet eine dortige Gesellschaft unterm Vorsitz von Herrn de Monicault Konkurrenzen für die Züchter und ihre Söhne ; man kann
1) gespannte Tiere auf unebener Bahn

CHALAMONT (AIN). — At the end of August, a local Society under the patronage of M. de Monicault gives competitions which are reserved for breeders and breeders'sons. There are seen :
1. Horses drawing carriages on a hilly race-course.

deos, donde se pueden admirar los caballos anglo-árabes tan llenos de sangre y de energía.

Primera quincena de Marzo : en Nantes, para los caballos de Bretaña y de Vandea, cuya calidad se afirma cado día.

Fines de Agosto, en Deauville, para los magníficos productos de nuestra bella crianza de Normandía.

Este último concurso se verifica al mismo tiempo que el Gran Premio de Deauville.

Dirigirse para datos y programas a Bureaux de la S. H. F., 26, *rue Brunel, Paris*, 17ᵉ.

CONCURSOS DE LA SOCIEDAD DEL CABALLO DE GUERRA. — Éstos son concursos para caballos de tres o cuatro años seguidos de pruebas de exterior corridas en Paray-le-Monial, en un bello campo de cross.

Concurso de silla : Charolles, a fines de mayo.

Pruebas de exterior : Paray-le-Monial, el día siguiente al del concurso de Charolles (caballos de guerra).

Dirección para datos : 43, calle de Lisboa, París.

SOCIEDAD HÍPICA DEL BERRY. — Esta Sociedad da, en Bourges, a principios de agosto, al mismo tiempo que el concurso de los depósitos (ya citado), pruebas de silla para caballos de 4, 5 y 6 añs y pruebas de obstáculos (concurso hípico). Es una reunión importante. En un terreno limítrofe al del concurso se pueden ensayar los caballos.

CONCURSO DE LAGUERCHE. — Este concurso (reservado a los caballos del Cher) permite ver pruebas de silla y pruebas de tiro para caballos del Berry. Es una reunión que presenta pocas muestras pero se ven en ella excelentes animales. Se verifica a mediados de setiembre, al mismo que dos carreras en que, en terreno per-

braio) per i cavalli anglo-arabi tanto focosi ed energici.

A Nantes (prima quindicina di Marzo) per i cavalli di Bretagne e Vendée, che sono sempre piu valutati.

A Deauville (fine d'Agosto) per i magnifici prodotti del nostro bell'allevamento normanno.

Quest' ultimo concorso si fa alla data del « Grand Prix » di Deauville.

Per avere informazioni e programmi scrivere : *Société Hippique Française*, 26, *rue Brunel, Paris*, 17ᵉ.

CONCORSI DELLA « SOCIÉTÉ DU CHEVAL DE GUERRE ». — Sono concorsi di cavalli di 3, 4 anni a Charolles, fine di Maggio.

Corse a Paray le Monial il giorno dopo il Concorso di Charolles.

Per informazioni scrivere : 43, rue de Lisbonne, Parie, 8ᵉ.

SOCIÉTÉ HIPPIQUE DU BERRY. — Questa Società promuove, a Bourges al principio d'Agosto, nello stesso tempo del Concorso delle Razze, prove con ostacoli per cavalli di 4, 5, 6 anni.

Giornata importante. — I cavalli possono essere provati in un campo accanto a quello del Concorso.

CONCORSO DI LAGUERCHE. — Questo è riservato ai cavalli del Cher e i possono vedere montati o attacati. Generalmente non sono molti ma ottimi cavalli. Questo concorso è metà di Settembre con due giornate di corse di cross-

2) berittene Tiere auf Geländerbahn sehen.

PRUFUNGEN VON LA CLAYETTE (SAONE-ET-LOIRE).

— Ende Juli veranstaltet eine Gesellschaft Pferdekonkurrenzen in La Clayette. Gespannte Pferde haben u. a. 40 Km zu fahren, und beweisen dabei die Qualität und die Ausdauerhaftigkeit der Tiere von der Umgebung von Charolles.

REPRODUKTIOESPRAMIIERUNGEN.

— Wer junge Stuten für die Reproduktion oder halbjährige Füllen kaufen will, wird sie am besten auf Prämiierungen für im Trühling 2 oder 3 Jahre alte Stutenfüllen und für für Stuten mit ihrem Füllen finden.

Die Prämiierungen für Stutenfüllen finden in der 2. Hälfte August oder Anfang Septembre statt. Die Zentralprüfung der « Société hippique de Saône-et-Loire » (Charolles, Mitte September) versammelt alle preisgekrönten Stutenfüllen und Füllen des Departements, und erlaubt daher schöne, besonders für die Reproduktion in Betracht zu ziehende Tiere zu sehen ; zugleich findet auch eine Schau für ein-, zwei-, dreijährige unkastrierte Füllen statt.

Märkte. — Es mag nicht ohne Interesse sein, gewisse Märkte zu besuchen. Siehe das Verzeichnisz.

Rennen. — Die wichtigen Rennen für Halbblutpferde sind auf dem Verzeichnisz angegeben.

Juin 1927.

2. Horses ridden on hilly ground with a few obstacles.

In these Competitions the horses are ridden and driven by the breeders themselves.

LA CLAYETTE (S. et L.).

— At the beginning of July a local Society organizes, at La Clayette, horse-competitions, among which a raid for carriage-horses on a 40 kilometers' distance which gives the possibility of admiring thest rength of Charollais horses.

BROOD-MARES COMPETITIONS.

— The breeder wishing to buy brood-mares or six months old colts will best find them at the shows for fillys in Spring, for brood-mares in the second fortnight of August and beginning of September.

The Société hippique of Saône et Loire holds a meeting at Charolles (middle of September) where are gathered all the fillys and brood-mares which were prize-winners in the other local Competitions. A very interesting collection of horses is to be seen here. There is also a show for yearlings, two and three years old stone-horses.

Markets. — **Races.** — (See the Summary.)

Juin 1927.

fecto, se corren cross que permiten apreciar el media sangre del Centro en camino de obstáculos.

PRUEBAS HÍPICAS DE CHALAMONT (AIN). — A fines de agosto, una Sociedad local, patrocinada por el Sr. de Monicault, da pruebas reservadas, en la mayoría, a los ganaderos y hijos de criadores. Se pueden ver allí :

1º Animales enganchados en recorrido desigual ;

2º Una presentación hecha en un recorrido desigual y con algunos obstáculos.

PRUEBAS HÍPICAS EN LA CLAYETTE (S.-ET-L.). — A principios de julio, una sociedad local organiza en La Clayette pruebas hípicas, entre las cuales se puede citar un raid de tiro de 40 kilómetros en carretera que permite apreciar la resistencia y la calidad de los caballos charoleses.

CONCURSO DE REPRODUCCIÓN. — El criador deseoso de comprar potrancas para la reproducción o potros de seis meses, los encontrará mejor siguiendo ya los concursos de potrancas de dos o tres años (en la primavera), ya los de las yeguas reproductoras seguidas de sus potrillos.

Los concursos de yeguas reproductoras se verifican en la segunda semana de agosto y a principios de setiembre. El concurso central de la Sociedad Hípica de Saône-et-Loire (Charolles, mediados de setiembre), que reúne los laureados de todos los concursos de potrancas y de potros del departamento, permite ver muy bellos lotes particularmente interesantes en cuanto a la reproducción.

Esta reunión de Charolles comprende también un concurso para potros enteros de uno, dos y tres años.

Ferias. — Algunas ferias de potros pueden ser seguidas con interés.

country dove prendono parte con successo i cavalli del Centro.

PROVE DI CHALAMONT (AIN). — Alla fine di Agosto, una Società locale, protetta da M. de Monicault indice corse quasi tutte riservate ad allevatori e figli d'allevatori.

Vi prendono parte :

1. Cavalli attacati su un percorso accidentato.

2. Cavalli montati in percorso accidentato. con ostacoli.

I cavalli sono montati dagli stessi allevatori.

PROVE DI LA CLAYETTE (S.-ET-L.)· — Al principio di Luglio, una Società locale organizza prove, fra le quali, un « raid » di cavalli attacati su un percorso di 40 chilometri, che permette di apprezzare l'energia e le qualità dei cavalli del Charolais.

CONCORSI DI RIPRODUTTORI. — L'allevatore che desidera comprare puledre per avere poi cavalle da razze o puledri di 6 mesi deve ricarsi in primavera ai concorsi di puledre e nella seconda quindicina d'Agosto e al principio di settembre al concorso di cavalle.

Il concorso centrale della « Société hippique di S. e L. « (Charolles metà Settembre) che presenta i premiati di tutti gli altri concorsi di cavalle e di puledre della provincia e permette di vedere una collezione interessante di belle bestie.

A Charolles ha luogo anche un Concorso di puledri interi di 1, 2, 3 anni.

Mercati. — Certi mercati di puledri possono essere interessanti (vedere la tavola).

Diese Seiten lagen dem Drucke vor, als die Gegend von Charolles und das Tal der Loire bedeutende Siege davontrugen.

Victoire III (von Monsieur-Jourdain ; Vollblut ; Züchter : Herr de Méru, in dem Departement der Saône-und-Loire, Besitzer : Herr de Champigny) siegt in Maisons-Laffitte in dem Groszen Nationalen Querfeldeinrennen, unter 22 Pferden.

Ariane (von Favonio ; Vollblut ; Züchter : Herr de Villaine, in dem Departement der Loire) wurde von Herrn François Chevalier Herrn Tiberghien verkauft, war Sieger in Le Pin in dem Querfeldeinrennen und gewann 20.000 Fr.

Novembre 1927.

While these lines were being printed the Charolais and Loire district won remarkable victories.

Victoire VIII (M. Jourdain th. b.) born in Saône et Loire at M. de Meru's and belonging to M. de Champvigy won, at Maisons Lafitte, the great Cross Country for which were twenty two horses starting.

Ariane (Favonio, th. b.) born in the Loire at M. de Villaine's and sold by M. François Chevalier to M. Tiberghien won the 20.000 cross at le Pin.

Novembre 1927.

Pour tous renseignements, s'adresser :

à la SOCIÉTÉ HIPPIQUE FRANÇAISE

26, rue Brunel, Paris (17ᵉ).

CONCOURS HIP-
PIQUE DE VI-
CHY: en haut tri-
bunes, terrain des
présentations de
selle et des épreu-
ves d'obstacles; en
bas, piste pour les
présentations de
chevaux attelés.

CONCOURS HIPPIQUE DE VICHY

Les obstacles : à gauche, une partie de la ligne des buttes.

Cliché S. U. I.

Cliché S. U. I.

CONCOURS HIPPIQUE DE PARIS

Grand Palais des Champs-Élysées (piste et obstacles).

Carreras. — Las reuniones importantes de carreras de media sangre están indicadas en el cuadro (Guía del comprador).

Juin 1927.

Mientras líneas estaban en impresión, el Charolais y el Loira ganaban triunfos notables.

VICTOIRE VIII (Monsieur-Jourdain, p. s.) nacida en S.-et-L. en la cría del Sr. de Meru, y perteneciente al Sr. de Champvigny, ha ganado el gran cross-country de Maisons-Laffitte sobre 22 competitores.

ARIANE (Favonio, p. s.) nacida en la Loire, en la cría del Sr. de Villaine, y vendida por el Sr. François Chevalier al Sr. Tiberghien, ha ganado el cross de 20.000 francos en Le Pin.

Novembre 1927.

Corse. — Le riunioni importanti sono indicate alla tavola.

Juin 1927.

Queste linee essendo ancora in corsa di stampa, il Charolais e il distretto dello Loira hanno avuto altre vittorie.

VICTOIRE VIII (Monsieur Jourdain p. s.) nato nella Saona-e-Loira da M. de Meru, e che appartiene a M. de Champvigy ha vinto nel gran Cross-Country di Maisons Laffitte, vent'uno rivali.

ARIANE (Favonio) nata nella Loira, da M. de Villaine e venduto da M. François Chevalier a M. Tiberghien ha vinto il Cross di 20000 al Pin.

Novembre 1927.

Pour tous renseignements, s'adresser :
à la SOCIÉTÉ HIPPIQUE FRANÇAISE
26, rue Brunel, Paris (17ᵉ).

CARTE DE LA RÉGION D'ÉLEVAGE
CHAROLAIS — FOREZ — BERRY — DOMBES
LOIR-ET-CHER
CHER
INDRE
ALLIER
NIÈVRE
MORVAN
NIVERNAIS
SAONE-ET-LOIRE
CÔTE-D'OR
AUXOIS
JURA
SUISSE
VICHY
LOIRE
RHONE
LYON
AIN
HAUTE-SAVOIE
ISÈRE
SAVOIE
ITALIE
BOURGES
MOULINS
MACON
CLUNY
CHAROLLES
BOURG
ANNECY
GRENOBLE
CHAMBERY
DIJON

ÉCOLES DE DRESSAGE

CHAROLAIS

DOMBES — BERRY

VENTE ET ACHAT DE CHEVAUX

ÉCOLE DE DRESSAGE DE CHAROLLES

(Saône-et-Loire)

Téléphone : Nº 34.

Vente et achat de chevaux de demi-sang, issus de pur sang, pour concours hippiques, courses au galop. Chevaux de chasse et d'armes.

Présentation dans les Concours hippiques.

FRANÇOIS CHEVALIER

DIRECTEUR

Centre spécial d'entraînement pour courses plates et à obstacles à Moulins-sur-Allier.

MAURICE MOULEY

ENTRAINEUR

Téléphone : Nº 120.

ÉCOLE DE DRESSAGE DE GÉNELARD

(Saône-et-Loire)

Téléphone : Nº 14.

Vente et achat de chevaux de demi-sang.

Chevaux de concours, de chasse et de service. Chevaux d'armes.

Présentation dans les Concours hippiques.

Entraînement pour courses de chevaux de selle (plat, steeple-chase, cross-country) sur piste spéciale.

CLAUDE DELORME

DIRECTEUR

ÉCOLE DE DRESSAGE DE VILLARS-LES-DOMBES

(Ain)

Téléphone : N° 5.

Vente et achat de chevaux de selle et d'attelage de demi-sang.

Chevaux de concours, de chasse et de service.

Chevaux d'armes.

Présentation dans les Concours hippiques.

Entraînement pour les courses au galop.

Etienne BLANCHET

DIRECTEUR

ÉCOLE DE DRESSAGE DE NÉRONDES

(Cher)

Téléphone : N° 9.

Vente et achat de chevaux de chasse, concours et courses de demi-sang.

Chevaux de service. Chevaux d'armes.

Présentation dans les concours hippiques.

Entraînement pour courses au galop (plat et obstacles), sur pistes et terrains d'obstacles spécialement aménagés.

Jules CLÉMENÇON

DIRECTEUR

ÉCOLE DE DRESSAGE DE LA GUERCHE

(Cher)

Téléphone : N° 28.

Vente et achat de tous chevaux de demi-sang (selle et attelage), chevaux de service et d'armes.

Poneys.

Spécialité de dressage à la voiture.

Présentation dans les Concours hippiques (attelage et selle).

Louis BACOT
DIRECTEUR

MACON, PROTAT FRÈRES, IMPRIMEURS. — MCMXVIII.

www.ingramcontent.com/pod-product-compliance
Ingram Content Group UK Ltd.
Pitfield, Milton Keynes, MK11 3LW, UK
UKHW031848170726
13836UKWH00004B/1954